뭐든 잘되는 회사의 회의법

뭐든 잘되는 회사의 회의법

모두가 능동형으로 바뀌는 15분 미팅의 효과

야모토 오사무 지음 · 이정미 옮김

bs
브레인스토어

일은 회의실에서
하는 것이 아니다

이제부터는 '미팅'을 하자

먼저 가장 근본적인 부분부터 생각해보자.

"내가 다니는 회사가 망했으면 좋겠다"라고 생각하며 일하는 사람이 있을까?

정도의 차이는 있을지언정 거의 모든 사람은 회사를 성장시키고, 이로써 사회에 도움이 되고, 다른 사람을 기쁘게 하며, 나 자신도 성장하는 동시에 월급도 오르길 바라면서 매일 매일 일할 것이다. 하지만 이러한 바람대로 되는 회사는 많지 않다. 또, 생각대로 일이 잘 풀리지 않는 사람도 있다.

혼자서 일하는 사람이라면 몰라도 보통 회사나 가게에는 여러 사람이 함께 모여서 일한다. 당연한 이야기지만 일하는 사람들의 사고방식은 모두 제각각이다. 하지만 회사의 '목표'나 '방향성'에 관해서라면 모두가 같은 생각을 가져야 한다. 물론 사람들의 '개성'도 중요하지만 개성이 발휘되기도 전에 모두가 다른 곳을 바라보고 있을 때가 많다.

사람들은 저마다 가치관도 다르고, 입장도 다르며, 사고방식도 다르다. 어떤 의미에서는 너무나 당연한 이야기다. 하지만 그저 '당연한 이야기'로만 끝나서는 곤란하다.

훌륭한 리더는 사람들의 각기 다른 개성을 잘 끌어내고, 서로 다른 의견이나 가치관은 적절하게 하나로 모은다. 여러 사람의 의견을 한데로 모으지 못하는 사람은 리더로서의 능력이 부족하다는 뜻이다. 리더뿐만이 아니다. 동료나 업무 관계자들과 늘 부딪히는 직원은 결국 일도 잘 못한다.

그렇다면 여러 사람의 의견을 잘 '모으려면' 어떻게 해야 할까. 원래라면 이럴 때 '회의'가 큰 역할을 담당했었다. 그러나 현재 많은 조직에서 회의는 형식적인 절차로 변해버렸다. 회의를 위해서 사전에 또 다른 회의를 하거나 회의 자료를 만드는 데 급급해하는 경우가 비일비재하다.

따라서 적은 인원으로도 쉽고 빠르게 할 수 있는 '미팅'을 하자는 것이 이 책의 주장이다. 회사에 회의만 넘쳐나고 있다면 위험 신호가 울리고 있다는 뜻이다. 무언가를 정하기 위해 회의를 하려면 참가자, 일정 등 준비가 더 복잡하다. 하지만 '미팅'이라면 이 모든 것이 매우 간단하다.

회의와 미팅의 차이

'회의와 미팅이 뭐가 다른 거지?' 이렇게 생각하는 사람이 많을 것이다. 그래서 먼저 회의와 미팅의 차이부터 짚고 넘어가겠다.

	회의	미팅
횟수	월 1회~여러 회	수시로
참가자	경영진(사장, 임원, 부서장) 중심	실무진 중심
시간	1시간 이상	10분~30분
인원수	많음	2명 이상으로 소수
장소	회의실 등 격리된 공간	실무진이 많은 업무 현장 근처
주제	회사나 부서의 커다란 방향성을 이야기하는 자리	방향성에 따른 구체적인 방법론을 이야기하는 자리

주로 '현장'을 움직이게 하는 것은 회의가 아니라 미팅이다. 상황에 따라 그때그때 모여서 간단히 '상의'하는 것으로 생각해도 좋다. 회의와 미팅은 우선 참가자가 다르다. 회의에는 부서장, 팀장 등 회사의 각 팀을 책임지는 리더가 중심으로 모인다. 반면 각 팀을 책임지는 리더가 실무진과 함께 모이는 것이 미팅이다. 여기서 실무진이란 실제로 제일선에서 일하는 직원들을 말한다. 즉, 직접 고객을 대하거나 물건을 만들어내는 현장 근무자를 가리킨다. 미팅은 실무진이 중심이기 때문에 시간도 인원수도 그때그때 다르다. 적게는 2~3명이 하는 경우도 있으며 당장 해야 하는 일이 있기 때문에 회의보다 훨씬 짧은 시간 안에 끝난다. 회의는 '경영진이나 관리자가 시간을 들여서 회사의 중요한 방향성을 결정하고 공유하는 자리'다. 반면 미팅은 '실무진이 짧은 시간 안에 회사의 방향성을 이해한 뒤 이를 실현하기 위한 구체적인 방법을 스스로 생각해서 행동에 옮기는 자리'이다.

어느 것이 더 좋다는 뜻은 아니다. 애초에 회의와 미팅은 역할이 다르다. 등산을 예로 들면 회의는 회사의 임원이 앞으로 회사가 나아갈 방향과 목표 등 큰 그림을 '결정하는 자리'로, 산에 오르기 전에 올라갈 목표 지점을 정하는 일과 같다. 미팅은 직원들이 주체적으로 '어떻게 오를지 구체적으로 생각해서 행동하고 또 이를 반복하면서 방법을 수정해나가는 자리'다. 다시 말해서, 미팅은 목표 지점으로 가기 위한 경로나 필요한 준비 등을 생각하고 계획을 세워서 실제로 올라가기 위해 하는 것이다. 그러므로 반드시 업무 현장에서 하는 일이 기반이 되어야 한다. 예기치 못한 사고가 생기면 오르는 방법이나 경로 등을 수정하면서 목표 지점까지 가기 위해 어떻게 해야 할지 상의하는 자리인 셈이다.

이 책은 단순히 미팅의 기술을 소개하는 책이 아니다. 또한 모든 회의를 부정하지도 않는다. 다만, 지금까지 설명해왔듯이 빠르게 변화하는 상황에 유연하게 대처하고자 한다면 회의보다는 '미팅'을 중시해야 한다. 미팅의 목적은 단순히 눈앞의 문제를 해결하기 위해서만이 아니다. 미팅이라는 방법을 통해 어느 기업에나 존재하는 문제를 해결할 수 있으며 직원들은 성장하고 매출은 올라간다. 이것이 이 책에서 추구하는 미팅의 근본적인 목적이다.

'개인 면담'에서 '집단 미팅'으로 발상을 전환하다

나는 일본 최초의 미팅 컨설턴트다. '미팅을 통해 인재를 육성하고 매출을 올린다'는 신념으로 전국을 돌아다니고 있다. 전국의 다양한 업종의 수많은 회사에서 미팅 진행을 대행해주거나 도와주면서 클라이언트 회사의 인재 육성과 매출 상승을 돕고 있다. 또 미팅을 가르치는 강연과 연수를 의뢰받아 열기도 하며 리더를 대상으로 한 사설 학원을 운영 중이다. 하지만 나는 원래 평범한 직장인이자 평범한 리더였다. 현장에서 일하던 평범한 직장인이 어떻게 미팅 컨설턴트가 되었을까?

계기는 회사를 옮기면서 중간 관리자 역을 맡은 경험 때문이었다. 나는 원래 시코쿠의 호텔에서 일했는데 연이 닿아 매출이 저조했던 간토의 한 웨딩 업체의 영업부장으로 이직하게 됐다. 지점 책임자도 겸하여 현장에 투입됐는데 매출은 쉽게 오르지 않았다. 직원들이 하나둘씩 그만두기 시작했지만 위에서는 생산성과 합리화를 요구했기 때문에 새 직원을 쉽게 뽑을 수도 없었다. 사실 모집 공고를 낸다 한들 지원자가 오지도 않았다. 아, 이 악순환을 어떻게 빠져나가지?

나는 직원들과 개인 면담을 수시로 하면서 '회사가 나아가고 싶은 방향'을 알기 쉽게 전달했다. 또 직원들이 하고 싶은 말을 들어주면서 불만을 해소하도록 도왔다. 처음에는 개인 면담의 형태로 한 명 한 명의 역량을 올려보고자 했다. 이 외에는 달리 생각나는 방법이 없었다. 말하자면 '2인 미팅'을 끊임없이 반복한 셈이었다.

개인 면담에는 좋은 점과 나쁜 점이 있었다. '서로 이해할 수 있다'는 장점이 있었지만 '시간이 많이 걸린다'는 단점도 있었다. 그러는 동안 조금씩 직원이 늘어났고 일이 바빠지기 시작했다. 그즈음 나는 '짧은 시간 안에 직원들을 효율적으로 모아서 대화에 주체적으로 끌어들일 방법, 나아가 직원들 교육도 함께 할 수 있는 방법이 없을까?'라는 고민을 안고 있었다. 그 결과 '미팅을 활용해서 짧은 시간 안에 문제 해결과 직원 교육을 동시에 해보자'라는 생각에 다다랐다.

처음부터 잘 되지는 않았다. '미팅을 활용하자'는 생각에 무작정 시도했더니 참가자들은 아무도 발언을 하지 않았다. 미팅에 참가한 직원들은 "그건 저희 팀 문제가 아니고 저쪽 팀에서……"라며 서로 책임을 전가하거나, "그 일을 하려면 이러한 문제가……"라며 할 수 없는 이유를 늘어놓을 뿐이었다. 긴 시간 동안 이야기해도 아무것도 결정 나지 않았다. 또 결정된 사항이 실행되지도 않았다. 그러나 실적 부진에 허덕이던 회사에서 비용을 들이지 않고 시간을 유효하게 활용하려면 미팅 외에는 다른 활로가 보이지 않았다.

그래서 나는 회의, 코칭, NLP(신경언어학 프로그래밍), 심리학 등 다양한 분야의 책을 섭렵하고 다른 사람에게 배워서 사내에서 미팅할 때 활용했다. 실패와 성공을 거듭한 결과 직원도 늘리지 않고 설비 투자도 없이 매출이 3년 동안 3배 이상 올랐고, 6년 후 내가 퇴직할 때는 매출이 처음보다 6배 이상 올랐다. 이를 통해 미팅을 중심으로 한 리더십이 확립되었다.

'이 회사에는 뭔가가 있다.'

우리 회사를 자주 드나들던 한 협력 회사에서 눈치를 채기 시작했다. 그럴 만도 한 것이 침체 상태에 빠진 웨딩 업계 속에서 겉보기에는 전혀 달라진 점이 없는 회사가 어쩐 일인지 점점 물건을 매입하는 양이 늘어갔기 때문이다.

"매출을 늘린 방법을 알려주십시오."

협력 회사의 임원이 상담을 청해 왔고 그에게 조언을 해주는 동안 그 회사의 실적도 올라가기 시작했다. 그때 나는 미팅이 어떤 형태의 회사에서도 활용할 수 있는 방법임을 깨달았고 2010년 '더 많은 회사를 돕고 싶다'는 생각에 컨설팅 회사를 차렸다.

현재는 다양한 클라이언트 회사, 강연 참가자, 사설 학원의 학생

들로부터 이런 기분 좋은 이야기를 듣는다. "직원들 간의 대화가 달라지고 사람들도 그만두지 않게 되었어요." "회사의 분위기가 바뀌고 고객들의 반응이 좋아졌어요." "다른 팀이 일을 도와주기도 해요." 그뿐 아니다. 실제로 클라이언트 회사의 93%가 업종과 관계없이, 요즘 같은 시대에 수익이 늘고 실적이 올라가고 있다.

대체 미팅에는 어떤 효과가 있을까?

왜 미팅을 하면 '매출'이 올라갈 뿐 아니라 직장 내 분위기가 좋아지고 이직률이 떨어질까? 이는 커뮤니케이션의 질이 좋아지기 때문이다. 좀 더 구체적으로 말하면 '문제를 해결하고 미래를 창조할 수 있는 대화 방식'으로 변화하기 때문이다.

비즈니스 대화에는 '성과가 나오는 방식'과 '성과가 나오기 어려운 방식'이 있다. "네? 그런가요?" 하고 의아하게 생각하는 분이 많을 것이다. 하지만 그렇다. 지금까지 '성과를 내는 집단에서 하는 대화 방식'이 무엇인지 배울 기회가 전혀 없어서 몰랐을 뿐이다. 거꾸로 말하면 '문제를 해결하고 미래를 창조할 수 있는 커뮤니케이션 방식'을 미팅에 활용하면 직장 내 대화 방식이 바뀌고 회사의 매출도, 미래도 단연코 달라진다.

"그런데 그게 회의와는 다른 건가요?"라는 질문도 자주 받는다. 회의와 미팅은 닮은 듯 다르다. 애당초 역할이 다르다. 이 점은 앞부분에서 설명한 바 있다. 나는 현장에서 일할 때부터 중간관리직을 맡아 할 때까지 미팅과 비슷한 다양한 사내 회의에 참석해왔다. 지금은 미팅 전문가로서 수많은 회사의 미팅과 회의를 지켜보고 있다. 이러한 경험을 근거로 자신 있게 말할 수 있는 사실이 하나 있다.

회의에서 경영진을 중심으로 '제아무리 훌륭한 방침이 결정되어도 실무진이 실행 팀으로서 재빠르게 집중해서 움직여주지 않으면 절대 성과는 나오지 않는다'는 사실이다. 아이디어를 내고 방향성을 정하는 것만으로는 성과가 나오지 않는다. 왜냐하면 '성과=아이디어×실행'이라는 곱셈이기 때문이다. 어느 한 쪽이 0이면 성과도 0이다. 회의 방식 자체에 문제가 있는 회사도 많다.

- 회의 시간이 길다. 긴 시간에 비해 결론은 나지 않는다.
- 참가하는 사람이 너무 많다.
- 수동적이다.
- 할 수 없는 이유가 많다.

- 늘 같은 사람만 이야기한다.

- 횟수가 적어서 지난 회의와의 연관성을 찾지 못하고 진행 속도가

  느리다.

- 경영진의 판단에 도움이 될 만한 현장의 목소리, 고객의 목소리를

  실무진이 아래에서 위로 전달하지 못한다.

- 지난 회의 때 결정한 사항이 아직도 그대로다.

- 성과가 나오지 않는데도 진행 방식은 늘 똑같고 달라지지 않는다.

이와 같은 다양한 문제점이 있다. 하물며 많은 중소기업은 '인

력은 부족한데 노동시간(야근)은 줄이고 싶다'는 모순점을 안고

있다. 그래서 더욱 요즘 시대에는 짧은 시간 안에 성과가 나오는

미팅을 정착시켜야 한다.

미팅의 특징

'짧은 시간' 안에

'적은 인원'으로

'(고객의 정보를 가진)
실무진'이

'모두 참가하여'
회사의 방향성을 이해한 뒤

'적극적이며
주체적'으로

'성과가 나오는 대화 방식
(생각해서 행동하기&방향 수정)'을

'반복하면서 정착' 시킬 수 있다는 점이다.

생각해보자. 매일 고객을 상대하는 실무진이 '이제껏 해왔던 대로 기계적으로 움직이는 집단'에서 '스스로 생각해서 실행하는 집단'으로 바뀐다면 이는 매출 상승에 직결될 수밖에 없다. 회사에서 실무진이 매일 주체적으로 일에 집중하게 만드는 시스템(미팅)이 마련된다면 결과는 반드시 달라진다.

그렇다고 매우 어렵거나 특별한 내용을 다루지는 않는다. 이 책에서 소개하는 미팅에 관한 내용은 미팅 전문가로서 내가 지난 14년간 6만 명 이상의 사람을 만나면서 쌓아온 경험을 바탕으로 바로 실천할 수 있는 방법, 일상 속 대화에도 활용할 수 있는 방법들을 엮은 것이다. 예전의 나처럼 힘든 상황에 놓인 회사를 위해 중간관리자이자 리더로서 '무슨 좋은 방법이 없을까?' 하고 고민 중인 사람들에게 이 책 속의 미팅법이 작은 도움이 되길 바란다.

먼저 프롤로그에서는 '15분 미팅'의 효과와 의미를 설명한다. 15분 미팅이라고 해서 반드시 15분 안에 끝낼 필요는 없다. 미팅은 크게 3단계로 나눌 수 있는데 이를 스텝 1, 2, 3으로 구성했다.

스텝 1은 문제를 제기하고 질문을 하며 아이디어(제안)를 내는 단계다. 참가한 모든 사람이 '적극적'으로 발언하게 되는 방법을 소개한다. 스텝 2에서는 모인 제안들을 효율적으로 정리하고 결정하는 방법을 살펴본다. 스텝 3에서는 결정한 사항을 실행할 때 필요한 '계획'을 짜고 이를 '공유'하는 방법을 알아본다. 하지만 계획을 실행하려고 할 때 상황이 바뀌는 경우도 있다. 실행하지 못한 계획들을 '방치'하다가 감당하지 못하는 경우도 생긴다. 또 계획대로 진행했지만 결과가 좋지 않을 때도 있다. 그래서 스텝 4에서는 진행 상황을 확인하는 방법과 함께 '방향 수정 미팅'에 대해 알아본다. 스텝 5에서는 내가 실제로 진행했던 미팅들을 간단히 소개하겠다. 에필로그에서는 '미팅'의 효과 중 하나이기도 한 '인재 육성'에 대해 언급하고자 한다.

미팅이 생각만큼 효과적이지 않더라도 이는 세상이 잘못되어서도, 회사나 직원에게 문제가 있어서도, 당신이 잘못해서도 아니다. 미팅을 하는 형식과 방법에 문제가 있을 뿐이다. 그리고 리더인 당신은 알고 있다. 당신의 회사와 직원들에게는 무한한 가능성이 잠재되어있다는 사실을 말이다. 미팅의 근본적인 목적은 잠재되어있는 가능성을 끌어내서 밝은 미래를 만들어나가는 것이다. 이 책이 첫 단추가 되어주길 진심으로 기원한다.

2019년 1월

'팀서포트프로' 대표 야모토 오사무

CONTENTS

STEP 3
결정된 사항을 반드시 실행한다

STEP 4
방향 수정 미팅이 꼭 필요하다

Prologue

지금 15분 미팅이
필요한 이유

회의만 하는 회사는 망한다?

먼저 회의와 미팅의 차이를 알아보고 간단히 실천할 수 있는
짧은 미팅을 활용해보자!

1 회의가 아니라 '미팅'이 필요하다

형식적인 회의는 아무런 의미가 없다

앞서 회의와 미팅의 차이를 알아보았다. 나는 '모든 회의가 필요
없다'고 생각하지는 않는다. 중요한 회의도 있다. 하지만 많은 회의

가 형식에만 얽매이거나 업무를 '승인하는' 절차로서만 기능하고 있다. 그래서 어떤 회사는 궁리 끝에 '서서' 회의를 하기도 한다. 높은 테이블을 가운데 두고 '선 채로' 이야기를 나누는 것이다. 서서 회의를 하면 회의와 관련 없는 이야기는 하지 않게 된다. 졸지 않고 회의에 집중할 수 있으므로 반드시 '성과'를 얻을 수 있다.

앞에서 설명했듯이 회의는 주로 경영진이 중심이며 세부적인 내용보다는 커다란 방향성을 결정하는 자리다. 이에 반해 '미팅'은 현장에서 일하는 실무진이 이런저런 일을 상의하는 자리다. 회의와 미팅, 모두 중요하다. 다만, 회사에서 회의만 많이 하다 보면 회의 자체가 유명무실해지고 회의 준비에만 급급해하며 회의를 통해 아무것도 결정 나지 않는 경우가 자주 생긴다. 이런 상황만큼은 꼭 피해야 한다. 이것이 내가 굳이 '미팅'을 권하는 이유 중 하나다.

일은 회의실이 아니라 '현장'에서 하는 것이다. 회의를 해야 한다면 실무의 연장선상에 있는 회의, 즉 미팅을 하는 것이 바람직하다. '매주 ◯요일 ◯시 △△회의'처럼 목적 없이 그저 모이기만 하는 회의라면 아무런 의미가 없다. 생각이 났을 때, 의견을 나누어야 할 때 즉시 모이는 것이 중요하다. 쉽지 않겠지만 비즈니스

는 속도가 생명이다. 재빠르게 집합할 수 있는 시스템, 혹은 관련
자 전원이 모이지 않더라도 상의할 수 있는 풍토(문화)를 먼저 만
들어야 한다.

미팅의 목적은 '효과적으로 커뮤니케이션하기 위해서'

이 책에서는 효과적인 미팅 방법을 설명하고 있다. 그런데 미
팅은 대체 무엇을 위해 하는 걸까? 바로 업무를 순조롭게 진행하
기 위해서다. '업무'를 순조롭게 진행하려면 그 업무와 관련된 사
람들이 원활하게 커뮤니케이션하는 것이 가장 중요하다.

기획을 하기 위해서, 아이디어를 모으기 위해서 등 미팅을 하
는 이유는 다양하다. 하지만 모든 미팅의 공통적인 목적은 '효과
적으로 커뮤니케이션하기 위해서'다. 몇 명의 사람이 의견을 주고
받으면서 업무, 기획, 아이디어 등에 관한 이야기를 진행해 나가
려면 반드시 적극적인 커뮤니케이션이 필요하다.

바꿔 말하면 미팅은 '적극적으로 커뮤니케이션하기 위해서' 하
는 셈이다. 적극적으로 커뮤니케이션하면 훨씬 좋은 의견이 나오
고 일이 순조롭게 진행된다. 사람마다 갖고 있는 생각과 의견의
'차이'도 좁힐 수 있다. 어떻게 해야 효과적인 미팅을 할 수 있는

지 설명하기에 앞서 왜 내가 '미팅'을 중심으로 한 컨설팅을 하게 됐는지 간단히 설명하겠다.

2 리더십과 미팅의 관계

이 시대에 필요한 리더의 조건은?

내가 사회생활을 시작했을 때(1993년)는 버블 경제라고 불리던 시절의 끝 무렵이었다. 그때는 같은 업종의 경쟁사와 똑같은 방식으로 일해도 매년 매출이 쭉쭉 오르던 시대였다. 회사에는 직원도 많았고 '종신고용제', '연공서열', '인재를 키우는 데에는 시간이 걸린다', '일은 알아서 보고 배우는 것' 등과 같은 말이 아직 통용되고 있었다. 리더에게 요구되는 자질도 '위에서 아래로 지시를 내리고 이를 관리하며 성과를 내는 일'이었다. 직원들도 '지시받은 대로 일하면' 그걸로 충분했다.

그러나 지금은 변화의 속도가 점점 빨라지고 시장에는 물건이 남아도는 시대다. '개인 맞춤형 서비스', '다품종 소량 생산', '가격 경쟁력' 등과 같은 말이 흔히 쓰이고 '소비자는 상품에 대한 정보를 쉽게 얻을 수 있으며', '경쟁이 너무 치열해서 실적을 올리기가

어려운' 시대가 되었다. 이런 시대에는 사람들 간의 커뮤니케이션
이 부족해지고 '효율성, 합리성'만을 따지게 된다. 회사의 분위기
는 딱딱해지고 매출은 자꾸만 떨어진다. 사람과 사람이 무엇을 어
떻게 주고받으며, 무엇을 창출해내야 하는지와 같은 비즈니스의
기본마저 잊히고 만다. 이 시대의 리더에게 필요한 능력은 무엇보
다 '짧은 시간 안에 소수정예의 인원으로 큰 성과를 내는 일'이다.
이를 위해서는 '인재 관리와 육성'이 매우 중요하다.

바로 여기서 미팅의 위력이 발휘된다. 직원들이 어떤 생각을
하고, 팀의 과제는 무엇이며, 해결 방법은 무엇인지 미팅으로 알
아낼 수 있다. 어려운 시대일수록 '사람의 지혜'가 중요해진다. 이
를 위해서는 짧은 시간이라도 좋으니 함께 이야기 나누는 미팅을
통해 좋은 제안들을 모으고 서로 간의 '차이'를 좁혀가야 한다.

미팅은 주로 리더를 중심으로 진행된다. 직원들끼리 하는 미팅
도 효과는 있지만 이 경우에도 리더가 미팅에 관해 어느 정도 파
악해 두어야 한다. 요즘 리더는 옛날과 달리 사람들 간의 커뮤니
케이션을 순조롭게 진행시켜서 성과를 내야한다. 강연, 연수, 컨
설팅을 통해 많은 사장님과 중간 관리자와 만나면서 확신하게 된
사실이 있다. 바로 '리더 혼자 노력해서 문제를 해결할 수 있는 시

대는 갔다. 만일 이런 카리스마를 지닌 리더가 있다 해도 극히 소수일 뿐이다'라는 점이다. 그렇다면 빠르게 변화하는 요즘 시대에 활약하는 리더의 공통점은 무엇일까?

직원들의 능력을 잘 발휘시켜서 함께 일하며 혼자서는 끝까지 해낼 수 없는 큰 성과를 올리는 사람. 즉, 짧은 시간 안에 소수 정예의 인원으로 성과를 내는 사람.

이것이 이 시대에 필요한 리더의 필수 조건이다. 직원들을 움직이게 만들려면 적확한 지시가 필요하다. 이를 위해서는 회의도 필요하지만 내용 없는 형식적인 회의만으로는 역효과만 발생한다. 회의보다는 미팅이 필요하다. 가벼운 마음으로 10분, 15분, 20분처럼 짧고 효과적인 미팅이 직원들과의 커뮤니케이션을 원활하게 만든다.

미팅의 시작은 '개인 면담'이었다

앞에서도 말했지만 나는 시코쿠 에히메현의 호텔에서 웨딩 관련 일을 담당하다 이 경력을 바탕으로 간토의 한 웨딩 업체의 영업부장으로 이직했다. 당시 내 나이는 31세였다. 시코쿠에서 간토로 옮겨가야 하는 큰 부담이 있었지만 영업부장이라는 조건에 끌려 인생을 걸고 이직을 단행했다. 우선 한 지점의 책임자를 맡게되어 현장(예식장)에 가서 취임 인사를 한 뒤 직원들과 개별적으로 면담을 했는데 그때의 충격을 아직도 잊지 못한다.

"이 일은 좋아하지만 (생트집을 잡는) 회사는 싫습니다."

"회사가 마음대로 정한 (말도 안 되는) 예산에 맞춰야 하는 이유를 모르겠습니다."

직원들과의 면담을 통해 나는 경영진과 실무진의 커다란 벽을느꼈다. 가장 놀란 점은 "일이니까 해야 한다"라는 상사의 말이 전혀 통하지 않는다는 사실이었다. 서열을 엄격하게 따졌던 호텔에서 일했던 나로서는 충격이 컸다. '이거 큰일인데……'라는 마음이 부임한 첫날의 솔직한 심정이었다. 아직까지도 선명한 기억들이다.

어찌 됐든 어떻게 하면 회사의 실적을 올릴 수 있을지는 어느정도 짐작이 갔다. 남은 문제는 어떻게 직원들을 기분 좋게 일에몰두하게끔 만드는가였다. 나 역시 현장에서 일했던 경험이 있었기에 직원들의 마음을 조금이나마 이해할 수 있었다. 일단 내가 회사와 현장의 창구가 되어 신뢰 관계를 쌓자고 마음먹었다. 개인 면담을 반복하면서 한 명 한 명의 마음을 이해한 다음에는 조금씩 지시를 내리기 시작했다. 부드럽게 위에서 아래로 지시를 내리는 형태의 리더로서 어느 선까지는 순조롭게 일이 풀렸다. 이 '개인 면담'이 나의 첫 미팅이었다.

'개인 면담'이 아니라 '미팅'을 시작하다

이직한 지 1년쯤 지나자 변화가 찾아왔다. 두 개의 지점을 동시에 운영하게 된 것이다. 그러자 아래와 같은 문제가 생겨났다.

- 개인 면담만 해서는 시간이 많이 걸린다
- 일하는 현장을 지켜보는 시간이 줄어들어 문제를 오인하며 잘못된 지시를 내린다

이와 같은 경험이 위에서 아래로 지시를 내리는 리더가 아니라 직원들의 능력을 발휘시키고 함께 일해서 더 큰 성과를 올릴 수 있는 리더를 목표로 삼는 계기가 되었다. 그러려면 어떻게 해야 할까?

이제껏 해왔던 개인 면담으로는 힘들었다. 좀 더 효율적으로 한 번에 업무 현장의 정보와 아이디어를 동시에 끌어내서 판단할 수 있는 자리, 전체적인 균형을 생각하면서 일을 맡길 수 있는 자리를 만들어야 했다. 그리고 개인 면담의 분위기를 그대로 살린, '집단이 모여서 하는 미팅이나 회의를 효과적으로 활용하면 좋겠다'는 생각을 하기 시작했다.

두 개의 지점을 운영하면서 깨달은 점이 있었다. 같은 회사여도 실적인 좋은 현장과 나쁜 현장이 있는데 이를 유심히 살펴보면 직원 한 명 한 명의 행동에 독자적인 방식과 습관이 존재한다는 점이었다. 본인은 무의식적으로 일하므로 이 습관을 알아차리지는 못했다. 일에 대한 '사고방식과 수용 방식', '판단 방법', '실행력', '다른 사람의 이야기를 듣는 자세' 등 직원들이 생각하고 행동하는 방식(무의식적인 습관)이 조직이나 현장의 문화(분위기)를 만들어내고 있었다. 즉, 실적이 좋은 지점에는 성과를 내기 쉬운 조직 문화(생각해서 행동하는 방식)가 형성되어 있었다.

매일 무의식적으로 하는 방식(습관)을 바꾸기란 결코 쉽지 않다. 그래서 짧게 반복하는 미팅이 중요하다. 미팅은 적당히 하면서 시간을 때우는 회의와는 완전히 다르다.

③ 왜 '15분'이어야 하는가?

일단 기준은 15분!

조직 문화를 바꾸려면 가장 먼저 '미팅 시간'만이라도 바꿔보자. 비교적 간단히 실천할 수 있다. 미팅 시간은 가능하면 30분 이내가 좋다. 일단 15분을 기준으로 삼자.

옛날에는 3년 동안의 계획을 미리 세웠다. 그리고 3년 계획을 쪼개서 좀 더 면밀하게 1년 계획을 세웠다. 한 달에 한 번 정기적인 회의를 통해 결과를 보고하고 논의하면서 일을 진행했다. 현장에서도 월간 회의에서 정해진 방침을 확인해가며 일을 해나갔다. 하지만 요즘은 어떤가? 요즘 같은 시대에 한 달에 한 번씩 시간을 들여 회의한 뒤 결정된 사항을 방치하는 식으로는 어떤 일도 진척되지 않는다. 주변 환경과 직원 개개인의 업무상 우선순위가 계속 달라지기 때문이다.

지금은 생각지도 못한 일들이 끊임없이 일어나는 세상이다. 커다란 변화가 연속해서 일어나는 시대가 되면 변화를 염두에 두지 않았을 때 세웠던 계획은 쓸모가 없어진다. 변화가 잦아지면서 미리 세운 계획은 쉽게 의미를 잃어버린다. 그러다 보니 계획대로 되지 않는 것을 오히려 당연하게 여기기까지 한다. 이런 상태로는 아무런 성과도 얻을 수 없다. 따라서 상황에 맞춰 방향성과 진행 방법을 그때그때 부지런히 수정해 나가는 현장 대응력이 반드시 필요하다. 결국 반복해서 짧은 시간 동안 할 수 있는 미팅이 효과를 발휘하게 된다.

직접 대화해야 정보량도 많고 속도도 빠르다

15분이라면 메일이나 메신저로 대화해도 되지 않을까? 이와 같은 질문도 자주 듣는다. 나는 메일이나 메신저의 이점 자체를 부정하지는 않는다. 메일은 상대방이 원하는 시간에 확인하고 대응할 수 있다는 장점이 있다. 하지만 짧은 시간 안에 깊이 있는 대화를 하고 싶다면 어떨까? 글은 얼굴이 보이지 않기 때문에 쓰는 데에 더 많은 시간을 할애한다. 또 모든 사람이 글을 잘 쓴다는 법도 없다.

아울러 메일을 보내고 질문에 대한 회신이 오고 또다시 메일로 답하고 다시 질문을 받고 하는 커뮤니케이션 방식에는 어느 정도 시간이 걸릴까. 직접 대화하면 1분 안에 끝날 일이 몇십 분 혹은 몇 시간이 걸리기도 한다. 그러므로 메일, 메신저 등과 직접적인 커뮤니케이션은 구분해서 해야 한다.

짧게 자주 반복해야 더 효과적이다

매출을 일시적으로 올릴 수는 있어도 매년 계속해서 올리기란 쉽지 않다. 여기에는 '직원들의 힘'이 필요하다. 그렇다고 지금 일하는 직원들의 역량이 부족하다며 새로운 직원들을 뽑을 수도 없다. 따라서 바꿔야 할 것은 사람이 아니라 커뮤니케이션 방식이다.

어떤 방식으로 커뮤니케이션해야 효과적인지 머리로는 이해했다고 하자. 하지만 그 방식을 실행에 옮겨 안정적으로 정착시키기란 의외로 어렵다. 금방 원래대로 돌아오고 마는 것이 인간이기 때문이다. 효과적인 커뮤니케이션 방식을 '정착'시키려면 어떻게 해야 할까? 어느 정도의 횟수와 경험이 쌓여야 한다. 따라서 한 달에 한 번 몇 시간이 아니라, 한 달에 네 번 15분씩처럼 부담 없이 짧은 시간 동안 자주 하면 새로운 방식이 조금씩 자리를 잡는다.

보고를 위한 눈치 싸움이 사라진다

상사에게 업무 진행 과정이나 안 좋은 이슈 등에 대해 보고할 때 직원은 언제 하느냐에 따라 상대의 반응이 달라진다는 점을 알고 있다. 그래서 부정적인 일에 대한 보고는 상사의 기분이 좋을 때를 노려서 하려 한다. 또 '지금은 바빠 보이네', '퇴근 준비를 하고 있으니 내일 보고 하자' 등의 이유로 보고가 자꾸만 미뤄진다. 이렇게 되면 결국 서로 불만과 스트레스가 쌓이며 나아가 평가에도 안 좋은 영향을 미친다.

"항상 보고하고 연락하고 상의할 것!"이라고 말하면서도 서로 타이밍을 노리다 보면 쓸데없이 시간이 낭비된다. 회사에서 흔히 있는 일이다. 15분 미팅을 잘 활용하면 리더는 직원들을 따로따로 만나 결정하는 시간을 줄일 수 있다. 15분 미팅을 통해 한꺼번에 대응할 수 있기 때문이다. 또, 다른 직원들과도 관련 내용을 공유할 수 있으며 직원들이 상사에게 언제 보고하면 될지 고민할 필요도 없다. 불필요하게 타이밍에 신경 쓸 일이 사라지는 것이다.

4 왜 짧아야 좋을까?

미팅과 회의에는 조직 문화가 반영된다

미팅에는 조직이 지닌 문화나 특징이 반영되기 마련이다. '새

41

로운 일에 적극적인지 소극적인지', '다른 사람의 이야기를 끝까지 들어주는 사람이 많은지 중간에 끊는 사람이 많은지', '실행 속도가 빠른지 느린지' 등과 같이 말이다. (자세한 내용은 스텝 1에서)

다시 말해 미팅이나 회의는 회사에서 매일 주고받는 대화 습관이 반영된 '회사의 축소판'과 같다. 미팅을 보면 그 직장에서 주고받는 평소의 대화 모습이 보인다. 반대로 말하면 미팅을 통해 조직 문화를 바꾸면 직장의 일상적인 모습도 달라진다. 유난스러운 회의는 필요 없다. 짧은 미팅이나 상담만으로도 충분하다. 잠깐 '서서' 대화해도 좋다.

'일상적인 대화 방식을 모두 바꾸자!'는 어려운 이야기를 하는 것이 아니다. '미팅을 하는 짧은 시간만이라도 성과가 나오는 커뮤니케이션 방식을 사용하도록 바꿔 나가자'는 말이다. 미팅에서 커뮤니케이션 방식이 바뀌면 일상 속 대화도 달라진다. 효과적인 미팅을 하는 조직과 현장은 커뮤니케이션이 잘 이루어진다. 직원들의 의식도 통일되어 있다.

미팅은 짧아야 한다

아무리 훌륭한 의사 결정(방향성)을 해도 현장에서 실무진이 실행해 주지 않으면 없는 것과 마찬가지다. 짧아도 상관없다. 문제가 생기면(없어도) 바로 상의할 수 있는 '자리'를 만들자. 그것이 바로 미팅이다.

"관계자가 모두 모여서 제대로 논의합시다"

이와 같은 식이 되면 '회의'가 되고 분위기가 딱딱해진다. 부담 없는 미팅이 훨씬 좋다.

어떻게 하면 실무진과 함께 일하면서 새로운 일을 진행해 나갈 수 있을까가 중요하다. 물론 미팅을 하지 않아도 일상적으로 커뮤니케이션이 활발하고 일이 구체적으로 진행되어 무언가가 새롭게 결정되고 실행된다면 미팅은 필요 없다. 다시 말해 미팅 자체가 목적은 아니다. 회사의 문제를 해결하고 함께 팀워크를 발휘해서 앞으로 나아가는 것이 목적이다. 더 나아가 고객의 행복에 기여하고 직원 모두의 행복과 연결되어 '더 좋은 미래를 창조하는 것'이 미팅의 목적이다. 미팅은 어디까지나 이를 위한 수단에 지나지 않는다.

지금 업무 현장에 요구되고 있는 '생산성 향상 및 효율화', '생산 시간 단축', '인력 부족', '정보화로 인한 면대면 대화 부족' 등은 모두 커다란 문제다. 회사의 경영진이 모두 모여 해결해야 할 일도 많다. 하지만 현장에서 해결해야 할 일, 현장에서만 해결할 수 있는 일도 많다.

직원 한 명 한 명은 모두 개성이 다르다. 나이에 따라 가치관도 다르다. 그래서 더욱 대화(미팅) 없이 성과를 올리고 더 좋은 미래를 창조하기란 쉽지 않다. 내가 미팅의 필요성을 여러 곳에서 이야기하고 실천해나가는 이유가 여기에 있다. 효과적인 미팅은 직원들의 목적을 일원화시키며 커뮤니케이션을 원활하게 만들고 조직과 현장의 실적을 올려준다.

"무슨 말인지는 알겠는데 현실적으로는 유연근무제 때문에 같이 있는 시간이 적어요."

"예전에 해본 적이 있는데 잘 되지 않았어요."

이렇게 말하며 주저하는 리더들이 많다. 실무진도 마찬가지다.

"미팅 시간이 너무 길어요."

"일방적으로 이야기해서, 왜 참가하는지 잘 모르겠어요."

어쩌면 리더들도 직원들도 미팅이 잘 풀리지 않았던 경험을 해 본 적이 있을지 모르겠다.

그래서 '15분 미팅'을 추천한다. 물론 초시계로 재가며 칼같 이 15분을 지킬 필요는 없다. '15분'이란 어디까지나 기준일 뿐이 다. 10분 안에 끝나도, 30분을 넘겨도 상관없다. 회의처럼 형식에 얽매이지 말고 가능하면 빠르고 짧게 하는 것이 핵심이다. 모두 가 이 점을 의식하기만 해도 자연스럽게 15분 미팅은 자리를 잡 는다. 세상은 빨리 변하므로 한 달 전 일은 금방 잊히거나 상황도 변해 버린다. 누구나 한 번쯤 경험해 봤을 것이다. 그러므로 한 달 에 한 번 1시간 회의하기보다는, 한 달에 네 번 15분씩 미팅을 해 서 끊임없이 방향을 수정해가며 일을 진행하는 편이 훨씬 시대에 부합한다.

그래서 나는 '15분 미팅'을 추천한다. 미팅의 특징은 '짧은 시 간' 안에 '적은 인원'으로 '(고객 정보를 가진) 실무진'이 회사의 방 향성에 맞춰 '적극적이고 주체적으로 참가'한다는 점이다. 그리고 미팅에서 결정된 사항을 꼼꼼하게 실행한다면 회사도 직원도 함 께 성장한다.

어느 회사에나 미팅과 회의는 있다. 그러나 내가 말하고자 하는 '미팅'은 다른 미팅들과는 크게 다르다. 그 '차이'에 대해 지금부터 하나하나 설명하겠다.

🔍 '미팅'의 효과

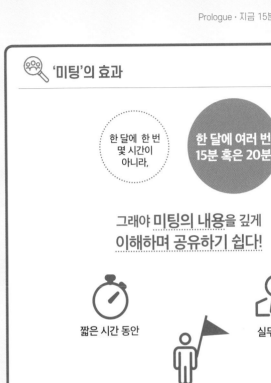

한 달에 한 번 몇 시간이 아니라,

한 달에 여러 번 15분 혹은 20분

그래야 **미팅의 내용**을 깊게 이해하며 공유하기 쉽다!

짧은 시간 동안

실무진이

회사의 방향성에 따라 적극적으로 주체적으로 참여해야 한다

이것이 핵심 포인트!

➡ 직원들의 **목적이 일원화**되며 **커뮤니케이션**이 원활해지고 **강한 조직**이 만들어진다

STEP 1
15분 미팅의
기본 과정

주제에 대해 '질문'하고
'아이디어와 제안'을 모은다

모여서 이야기하면 다양한 문제를 해결할 수 있으며
조직 문화도 달라진다.

1 먼저 회사의 대화 방식을 살펴보자

미팅을 보면 그 회사의 대화 방식이 보인다

회사에서 일할 때 나는 영업부장으로서 연 250회가 넘는 사내 미팅의 사회와 진행을 맡았다. 또 지금은 '미팅 컨설턴트'로서 다양한 업종의 기업에서 하는 미팅을 도와주고 있다. 이러한 경험을 근거로 확실하게 말할 수 있는 사실이 있다. '미팅이나 회의는 회사(팀)에서 이루어지는 커뮤니케이션 문화의 축소판'이라는 점이다. 좀 더 구체적으로 살펴보자.

예를 들어 사장이 위에서 아래로 지시를 내리는 형태가 익숙한 회사라면 업무 현장에서 신속하게 이루어지는 미팅 자체가 거의 존재하지 않는다. 이른바 형식적인 '회의'만 있을 뿐이다. 회의 중에 직원들은 사장의 눈치를 살피며 주체적으로 발언하는 경우는 드물고 사장의 지시에 "네, 알겠습니다"라고 대답할 때가 많다. 하지만 회의가 끝나고 각자 자리에 돌아오면 방금 한 회의에 대한 불만이 터져 나온다. 즉 '앞에서는 말 못 하고 뒤에서만 이야기하는' 풍토가 자리 잡은 것이다. 이것이 바로 그 회사의 '문화'다.

"회의나 미팅이 책임을 추궁하거나 책임을 회피하는 자리가 되어 버렸다."

"회의 자료를 만들고 상황을 공유하는 데만 초점이 맞춰져 본질적인 이야기는 서로 하지 않는다."

"자신의 의견을 말하기 어려운 분위기다."

"겉으로 보이는 모습과 속마음의 차이가 큰 조직이다."

즉, 회의나 미팅을 하는 모습은 '그 회사의 대화 방식을 보여주는 거울'이다. 각 회사의 대화 습관이나 특징은 미팅에 고스란히 반영된다. 바꿔 말하면 효과적인 미팅을 실천한다면 그 회사의 풍토와 조직 문화도 효과적인 형태로 변한다.

그러나 이미 뿌리박혀 있는 회사 내 대화 방식을 한번에 바꾸기란 쉽지 않다. 하지만 미팅 때 만이라면, 15분 동안 만이라면 시도해볼 수 있다. 효과적인 미팅을 반복하면 회사의 풍토와 조직 문화가 달라진다.

실적이 나쁜 회사는 대화 방식도 나쁘다

"오늘은 회의, 내일은 미팅"처럼 미팅과 회의를 '구별'해서 하는 회사는 거의 없다. 그러나 '회의'와 '미팅'은 엄연히 다르다. 이 점을 다시 한번 짚고 이제 미팅에 대해 설명하겠다.

비즈니스 대화에는 '성과가 나오는 방식'과 '나오기 어려운 방식'이 있다. 앞서 예로 든 '부정적인 대화 습관과 특징'을 가진 회사는 '성과가 나오기 어려운 방식'의 전형적인 예이다. 이 경우라면 아무리 미팅을 많이 하고 이야기를 많이 나누어도 상황은 달라지지 않는다. 오히려 '마음의 벽'이 더 높아지고 미팅을 하면 할수록 역효과가 생긴다. 그렇다면 사람을 바꿔야 할까?

리더였던 나 역시 똑같은 문제를 안고 있었다. 대부분의 기업이 친족 경영을 하는 중소기업이어서 사장이 바뀌는 경우는 거의 없다. 또 직원을 그렇게 쉽게 바꿀 여유도 없다. 그렇다면 무엇을 할 수 있을까. 고민 끝에 결론이 나왔다. 바로 '사람을 바꾸지 말고 대화 방식을 바꾸자'라는 생각이었다.

구체적으로 말하면 '문제를 해결해서 미래를 창조할 수 있는 (성과가 나오는) 대화 방식'으로 바꾸자는 생각이었다. 먼저 미팅을 할 때만이라도 성과가 나오는 방식으로 대화를 시작했다. 미팅에서 효과가 나오기 시작하면 평소 직장 내 대화 방식도 성과가 나오는 방식으로 바뀌어 간다. '15분 미팅'을 통해 서서히 회사 전체에 효과적인 대화 방식이 정착되어 갔다.

거듭 말하지만 처음에는 '시간'에 구애받지 않아도 된다. 15분보다 짧아도 좋고 길어도 좋다. 오히려 '성과가 나오는 대화 방식'에 집중해야 한다. 가장 중요한 점은 재빨리 모여서 뚝딱 해결해 버리는 '스피드'이다. 이와 같은 미팅을 반복하면 조직의 커뮤니케이션 방식은 자연스럽게 개선된다. 이것이 15분 미팅 혹은 단시간 협의가 지향하는 바다. 그렇다면 15분을 어떻게 사용해야 할까? 미팅의 기본 과정을 간단히 살펴보겠다.

스텝 1 (5분)	미래 시점의 질문하기 직원 모두가 아이디어와 제안 내기
스텝 2 (5분)	나온 아이디어와 제안을 효율적으로 정리해서 결정하기 모두의 합의를 끌어내기
스텝 3 (5분)	실행력을 올리기 위해 이미지를 공유하고 계획 세우기

이것이 미팅의 기본 과정이다. 다만 스텝 1~3만으로는 애써 세운 계획을 방치할 수도 있으므로 이후 '방향 수정 미팅'을 통해 계획을 완수할 수 있도록 도와야 한다. 그럼 이제부터는 어떻게 미팅을 해야 할지 구체적으로 알아보자.

15분 미팅의 기본 과정

스텝 1

질문, 아이디어(제안) 내기
진행자나 리더가 주제를 정하고 참가자들에게 질문하면
각 참가자가 아이디어나 제안을 낸다.

스텝 2

제안과 아이디어를 정리해서 결정하기
팀으로서 '무엇을 할지' 정한다.
진정한 의미의 '합의'가 중요하다.

스텝 3

결정 사항을 실행하기 위한 계획 세우기
'시간이 날 때', '상세한 계획은 다음에'와 같은 식은 곤란하다.
가능한 한 지금 여기서 실행 계획을 세운다.
먼저 대화를 '성과가 나오는 방식'으로 바꾸는 것이 가장 중요

2 사람이 아니라 대화 방식을 바꾸자

"왜"라고 질문하면 실패한다

먼저 스텝 1인 '질문, 아이디어 내기' 단계다. 첫 번째로 중요한 것은 질문이다. 15분 미팅에서는 진행자나 리더가 주제를 정하고 직원들에게 질문을 던진다. 질문에 직원들이 대답(아이디어, 제안)하면서 대화를 이어나간다. 여기서 질문은 미팅 내용에 매우 큰 영향을 끼친다.

질문은 크게 '과거 시점'과 '미래 시점'으로 나눌 수 있다. 과거 시점의 질문이란 다음과 같다.

"왜 이런 실수를 했지?"

"이번 달 실적이 왜 이렇게 저조하지?"

일이 잘 풀리지 않을 때면 흔히 나오는 질문이다. 하지만 미팅에서 이런 질문을 반복해서는 발전이 없다. 질문이 어떠냐에 따라 평소 주변 사람들과의 커뮤니케이션도 달라진다. 자기 자신에게 하는 질문도 마찬가지다. 가령 '왜 나는 늘 실패만 할까?'라고 질문하면 긍정적인 대답이 나올 리 없다.

15분 미팅에서는 과거 시점의 질문은 하지 않는다. 의도치 않게 잘못을 깊게 추궁하거나 상대를 질책하는 질문이 되기 때문이다. 과거 시점의 질문을 하면 직원들은 "다른 부서 탓입니다", "고객이 가진 예산이 부족합니다", "경기가 나쁩니다", "업계 자체가 하향세입니다"처럼 변명 섞인 대답만 한다.

이미 끝난 일을 분석하거나 원인을 추궁하다 보면 "왜?", "어째서?"라는 질문이 나오기 마련이다. 당연히 질문의 시점은 과거에 맞춰진다. 과거 이야기를 자꾸 반복하면 직원들은 책임을 추궁당한다고 느끼며 '어쩔 수 없었던 이유'를 찾아 상황을 모면하려고 한다.

나 역시 예전에 이러한 질문을 자주 했으며 당시 나의 상사도 나에게 이런 질문을 자주 했다. 그러다 어느 날 문득 깨달았다. '모두 다 이미 지난 이야기뿐이구나'라고 말이다. 이 점을 깨달은 다음부터는 '지난 일'이 아니라 '앞으로의 일' 즉, '미래를 향한 질문'을 하기 시작했다.

미래 시점의 질문 속 핵심 키워드는 "앞으로는?"이다. 지난 일이 아니라 앞으로의 일 즉, 미래를 향한 질문을 하자.

"같은 실수를 반복하지 않으려면 앞으로 어떻게 해야 할까?"
"실적을 반등시켜서 예산에 가깝게 맞추려면 앞으로 무엇을 하면 좋을까?"

이렇게 질문하면 직원들의 대답이 틀림없이 달라질 것이다.

우리는 왜 미팅을 하는가?

'우리는 왜 미팅을 할까?' 리더라면 꼭 알아야 하는 부분이다. 직원들을 꾸짖고, 열심히 일하고자 하는 의욕을 꺾고, 서로 책임을 전가하는 형편없는 팀을 만들고 싶어서 미팅을 하는 것은 아니다.

일부러 시간을 내서 미팅을 하는 이유는 '앞으로 더 좋은 미래를 창조해나가기 위해서'다. 그러기 위해서는 대화 시간을 과거(왜?)에 할애하지 말고 미래(앞으로는?)에 대한 이야기로 채워야 한다. 물론 과거를 분석하는 일도 중요하다. 하지만 그보다는 "앞으로 어떻게 해야 할까?"라는 긍정적인 대화가 훨씬 중요하다. 10분, 15분 미팅이라면 더욱 그렇다. 대화 시간이 짧기 때문에 "아, 그때는 말이죠……." 등의 과거 이야기를 하다가는 눈 깜짝할 사이에 시간이 다 지나가 버린다.

과거를 분석하다 보면 진실이 가려진다

내용 없는 형식적인 회의가 많은 회사일수록 지난 일을 검토하는 데 집중한다. 앞에서도 이야기했지만 미팅 시간이 반드시 15분일 필요는 없다. 15분이든 30분이든 "왜 이렇게 됐지?"와 같은 이야기를 금기시하고 과거 시점의 질문을 하지 않겠다는 마음가짐이 중요하다. 미래 시점의 질문을 하는 미팅에서는 대화 내용이 발전적이어서 시간도 신경 쓰지 않게 된다.

원래 분석은 그 자체로서 가치가 없다. 그저 회사 입장에서 효과적인 대책을 세우기 위해서 분석과 원인 파악을 하는 것이다. 즉, '대책을 세워서 더 좋은 미래를 창조하는 것'이 분석의 목표다.

하지만 문제는 분석과 원인 파악을 하다 보면 대부분 화살이 '사람'에게 향한다는 점이다. 따져 묻는 식이 된다. 어떤 문제에 대해 강도 높게 분석을 하다 보면 대답하는 사람은 누구나 방어 본능이 발휘되며 자존심이 상한다. 순순히 "모두 다 내 잘못이다"라고 인정하며 나쁘게 평가받기를 바라는 사람은 없다.

그러다 보니 "후배 잘못이다", "고객 잘못이다", "다른 부서 책임이다", "회사가 문제다", "경쟁사의 문제다", "시장이 문제다", "세상이 문제다" 등 주변에 책임을 돌리기 시작한다.

상황이 더 심각해지면 내일 있을 영업 회의 때 보고 할 자료에 '어쩔 수 없이 실적이 떨어졌다'는 점을 강조하기 위한 과장된 내용을 작성하는 데 열을 올린다. 실적이 떨어진 이유를 열심히 찾아 그럴듯하게 과대 포장해서 도저히 어쩔 수 없었던 문제로 바꿔 버릴 수도 있다. 경영진은 직원들의 잘못된 보고를 근거로 대책을 세우게 된다. 이것이 과연 옳은 방식일까?

항상 매출이 좋을 수는 없다. 경기가 좋을 때도 가끔은 매출이 떨어지는 시기가 있었다. 매출이 떨어지는 이유를 한 가지로 설명

STEP 1 · 15분 미팅의 기본 과정 |

할 수는 없다. 그런데 회의에서 "왜 매출이 떨어지는 거지?" 하고 한 명 한 명에게 책임을 추궁하면 솔직하게 "전부 제 잘못입니다" 라고 대답할 직원은 없다. 하물며 현장에서 주최하는 미팅에서 누구의 '책임'인가를 운운하면 그 미팅의 질은 급격하게 떨어진다. 여러 사람이 함께 모여서 하는 집단 미팅에서 원인 분석을 하는 화살이 사람에게 향하기 시작하면 미팅의 대화는 대부분 무의미해진다.

또한 "왜?"라며 지나치게 분석하려 들면 결국 '범인 찾기'처럼 누군가에게 책임을 묻기 쉽다. 결국 문제의 진짜 원인을 오인하며 너무 비관적으로 생각하고 만다. 오해하는 것을 두려워하지 말고 이야기해야 한다. 과거가 어떤 상황이었든 미래와는 관계가 없다. 따라서 미팅에서는 오직 한 가지만 생각해야 한다.

'과거에 연연하지 말고, 다른 사람이나 상황을 탓하지 말고, 다같이 힘을 합쳐 더 좋은 미래를 창조하자' 이것이 핵심이다.

분석은 사전에 자료로

미팅에 필요한 분석 자료는 '숫자 옆에 내용을 기입하는 등의 형식'으로 사전에 항목별로 내용을 써서 메일로 공유해 두는 편이

좋다. 그런 다음 참가자 전원이 자료를 훑어본 상태에서 미팅을
해야 한다.

물론 '명확하지 않은 부분이나 의문점을 함께 공유하고 싶다'
고 생각하는 경우도 있다. 이럴 때 나는 3분 정도, 전체 미팅 시간
의 25% 이내에서 "사전에 메일로 공유한 자료 중에 질문이나 확
인 사항이 있을까?"라고 물은 뒤 만약 있다면 그 질문에 대해 의
견을 교환한다.

다시 말하지만 분석은 그 자체로서 아무런 의미가 없다. 회사
에서 효과적인 대책을 세우기 위해 분석과 원인 파악을 하려 할
뿐이다. 분석은 사전에 한 뒤 미팅에서는 '앞으로 어떻게 할지 대
책을 세워서 더 좋은 미래를 만드는 데' 집중해야 한다. 이것이
15분 미팅의 목적이다.

'분석'만 해서는 아무런 의미가 없다!

과거를 분석하는
일도 중요하지만 그보다는

"앞으로 어떻게 해야 할까?"라는
발전적인 대화가 필요하다!

질문의 핵심 포인트

① '과거 시점'이 아니라 '미래 시점'의 질문을 할 것!

② "왜?", "어째서?"를 반복하지 말 것!

③ "앞으로 (해결하기 위해) 잘하려면?"과 같은
발전적인 대화를 할 것!

④ 분석은 미팅 전체 시간 중 25% 이내로 할 것

과거에 연연하지 말고,
다른 사람이나 상황을 탓하지 말고,
다 같이 힘을 합쳐 더 좋은 미래를 창조하자!

3 미팅을 통해 직원들의 지혜를 모으자

미팅의 주제는 누가, 어떻게 정해야 할까?

다음은 미팅의 주제에 대해서 잠시 살펴보겠다. 미팅의 주제는 리더가 정하는 것이 제일 좋다. 혹은 팀의 핵심 멤버와 함께 정할 수도 있다. 실무진은 당장 해야 하는 일이 바빠 정신이 없다. 또한 눈앞의 과제를 제일 큰일로 인식하는 경향이 있다. 팀 전체를 혹은 회사 전체를 아울러 생각해서 '지금 이야기 나누어야 할 가장 중요한 주제'를 판단하는 데에는 리더가 가장 적합하다.

단순한 정보 공유라면 일부러 시간을 내서 모이지 않아도 된다. 요즘에는 정보를 공유할 방법이 얼마든지 있기 때문이다. 모든 직원이 미팅을 통해서 하고 싶어 하는 것은 짧은 시간 안에 '문제를 해결하는 일'이다. 실적 때문에 고민 중인 회사는 대부분 늘 똑같은 문제를 방치해 두거나, 해결의 실마리를 찾지 못한 경우가 많다. 결국 늘 같은 문제가 반복되다 보니 희망을 잃어버린 직원들이 회사를 떠나고 마는 악순환이 계속된다. 반대로 실적이 쭉쭉 올라가는 회사는 대부분 일하면서 생기는 문제를 직원들의 힘으로 해결해나가면서 다음 단계로 이행해 간다.

하지만 '일하면서 생기는 문제'는 그야말로 다양하다. 고객 모으기, 영업하기, 재방문율 올리기, 단가 맞추기, 고객 만족도 높이기, 클레임 처리하기 등 고객에 관한 문제도 있고, 직원 채용하기, 교육하기, 이직률 낮추기, 노동 시간 맞추기, 생산성 올리기, 사내 근무 규정이나 평가 제도 관리하기 등 회사 내적인 문제도 있다.

다양한 클라이언트를 만나본 경험상 조직의 크기와 매출 규모에 따라 직면하는 문제는 대부분 비슷하다. 그런데 정작 본인들은 해결할 수 없는 문제라고 느낀다. 하지만 단언컨대 해결할 수 없는 문제가 일어나는 경우는 없다. 반드시 해결할 수 있다.

기본적으로 미팅의 주제는 리더가 현재 상황을 살핀 뒤 정한다. 직원들이 미팅에 익숙해지면 직원들에게 제안을 받아서 결정해도 좋다. '문제를 주제로 삼자'라고 하면 부정적인 이미지를 떠올릴지도 모르겠다. 하지만 문제란 뒤집어서 생각하면 발전할 수 있는 기회를 의미한다. 문제나 과제를 숨기는 조직이 아니라 마음껏 펼쳐 놓는 조직이어야 한다. 그리고 문제를 해결하면서 앞으로 나아가는 조직이 되어야 한다.

질문의 핵심 키워드는 "앞으로", "다 같이"

그렇다면 미팅에서는 어떤 식으로 대화해야 하는지, 질문은 어떻게 던져야 하는지를 알아보자. 핵심은 "앞으로", "다 같이"라는 단어를 사용해서 미래 시점의 질문으로 바꾸는 것이다.

한 레스토랑을 예로 들어 설명해 보겠다. 지금 이 레스토랑의 문제는 '손님이 오지 않는다'는 점이다.

"앞으로 손님이 많이 오게 하려면 다 같이 어떻게 해야(무엇을 바꿔야) 할까?" 이처럼 질문해야 한다. "왜 손님이 오지 않을까?"라는 흔한 질문을 던진 경우와는 직원들의 생각과 대답이 완전히 달라진다. '다 같이'라는 표현도 매우 중요하다.

'미팅에 참여한 직원들의 힘을 모두 모아서 앞으로 무엇을 바꿀 수 있을지 생각해보자'처럼 질문과 관련 있는 직원들의 범위를 넓혀 주어야 한다. 혼자서는 할 수 없지만 한 명 한 명의 역량을 끄집어내서 팀 전체의 힘을 모으면 문제를 해결할 가능성이 훨씬 커진다.

'가능하다, 불가능하다'를 마음대로 판단하지 말고 가능성을 더 크게 보고 생각해야 한다. 이렇게 질문하면 직원들의 아이디어를 모을 수 있으며 동시에 직원들이 유연하면서도 폭넓게 사고하는 힘을 기를 수 있다. 문제 해결의 기미가 보이지 않는 팀들의 공통점은 '희망이 없다고 확신한다'는 점이다. 인간은 희망이 없으면 절대 노력하지 않는다. 혼자서는 도무지 해결할 수 없을 것 같은 문제를 직원들이 모두 함께 생각함으로써 문제를 해결할 가능성 (희망)이 얼마든지 있다는 사실을 느끼면 사고의 틀을 깰 수 있다. 이것이 이 질문의 목적이기도 하다.

남의 일이라고 생각하지 않도록 만드는 질문

아이디어나 제안은 많이 나오는데 미팅을 하는 동안 직원들이 서로 공감하지 못하거나 불만을 느끼는 경우도 있다. 질문을 미래형으로 바꾸는 것만으로는 이렇다 할 성과가 나오지 않거나 때로는 마이너스로 작용하는 경우도 있다. 그 위험성과 대책 방법을 실제 레스토랑에서 하는 미팅을 예로 들어 설명하겠다.

<참가자> 주방 직원, 홀 직원, 회계 담당자(전화 응대 및 계산)

<주제> 앞으로 손님이 많이 오게 하려면 다 같이 어떻게 해야
(무엇을 바꿔야) 할까?

주방 직원 : 그야 홀에서 일하는 분들이 손님 대하는 법을 익
혀서 좀 더 응대를 잘해준다면…….

홀 직원 : 회계 담당자가 좀 더 효율적으로 예약 접수를 해
야…….

회계 담당자 : 주방에서 좀 더 맛있는 요리를 만들어준다면 손
님이야 자연히 늘어난다고 생각해요.

어떤가? 해결 방법이나 제안은 나왔지만 앞으로 제대로 실행
되기는 어려워 보인다. 다들 '다른 팀에서 노력해주어야 한다'며
남의 일'이라는 관점에서 해결책을 생각하고 있기 때문이다. 다시
말해 직원들은 지금, "우리는 지금 그대로 있고 싶다", "나 말고 다
른 누군가가 좀 더 노력해주어야 한다"라고 생각하는 타인 의존

형 상태다. 이럴 때는 한 가지 질문을 더 한다.

"자신은 (혹은 우리 팀은) 무엇을 새롭게 할 수 있을까?"

이 부분을 생각해 달라고 질문하는 것이다. 직원들에게는 타인에게 기대지 않고 '해결하기 위해서 자신(혹은 우리 팀)이 적극적으로 행동하겠다!'는 주체적인 사고방식이 필요하기 때문이다. 미팅에서 문제나 과제에 대해 '내가(혹은 우리 팀이) 할 수 있는 것'을 발언하게 되면 남에게 책임을 떠넘기지 않고 스스로 생각해서 움직이게 된다. 직원들이 스스로 생각하고 행동해서 해결해 나가는 최강의 조직이 되는 것이다.

의견을 효과적으로 모으는
발표법

아이디어나 제안은 반드시 여러 개 써서 발표할 것

효과적인 질문법을 익혔다면 다음은 모두의 의견을 모을 수 있는 효과적인 발표(발언)법에 대해 설명하겠다.

일반적인 회의나 미팅에서는 발표할 때 보통 '말'로 하지만 15분 미팅에서는 자신의 생각을 발표하기 전에 반드시 '3분 동안 여러 의견(최소 2~3개 이상)을 쓰는 것'부터 시작한다. 1개만 써서 내면 무난한 아이디어만 나오기 쉽고 다른 직원들과 '같은 대답'이 나와서 중복될 확률이 높아진다.

누구나 생각할 법한 무난한 아이디어만 서로 내놓는다면 바쁜 와중에 모인 의미가 없다. 또 이를 통해 인재를 육성하는 포인트 중 하나인 개개인의 '사고력'을 올리고자 하는 목적도 있다. "이런 문제가 생겼습니다. 어떻게 하면 좋을까요?"라며 지시를 기다리는 수동형 직원이 아니라 "이런 문제가 생겨서 해결책은 A와 B와 같은 방법이 있습니다. 저는 이런 이유로 A가 좋다고 생각하는데 이렇게 해도 될까요?"라는 자세를 갖도록 만드는 것이다.

자신의 의견을 생각해서 쓴 다음에 발표하는 미팅을 반복하면 직원들이 점점 스스로 생각해서 제안하기 시작한다. 평소에 일하면서 알게 된 점을 바탕으로 자신의 의견을 점점 개선해 나간다. 나 역시 중간 관리자로 일할 때 직원들을 이렇게 키우고 싶었다. 하지만 시간적 여유가 없었다.

그래서 생각해낸 방법이 외부 연수였다. 그러나 '일손이 모자라서 갈 수 없다', '한 명씩 모두가 연수에 참여하는 것은 비효율적이다'라는 문제를 쉽게 해결하지 못했다. 고민한 끝에 생각한 방법이 15분 미팅에서 직원들이 '여러 의견을 써서 발표하도록 하는 것'이었다. 직원들이 모여서 같은 주제를 두고 생각한 다음 한 명씩 의견을 발표하는 방법이다.

"자네는 어떻게 생각하지?"

"그렇게 생각한 이유는 뭐지?"

직원 모두가 한꺼번에 모여 공개 연수를 하는 것과 비슷했다. '짧은 시간 안에 다양한 아이디어를 생각해내는 능력'을 육성하는 방법을 미팅 시스템 안에 집어넣은 셈이다. 이렇게 하면 직원도, 조직도 느리지만 분명하게 한 단계씩 성장한다.

그렇다면 미팅에서 '생각해서 쓰는 데'에는 어느 정도 시간을 들여야 할까? 가장 적당한 시간은 3분이다.

3분 동안 써서 발표하면 효과적이다

대다수의 리더가 모르고 있는 부분이 있다. 바로 '리더와 직원은 생각하는 속도가 다르다'는 점이다. 당연히 리더가 생각하는 속도가 빠르다. 그런데 이를 알지 못하는 리더가 많다.

또 다른 상황을 살펴보자. 리더가 어떤 문제에 대해 고민 중이라고 하자. 그러다 어느 날 갑자기 직원을 불러 "어떻게 생각하지?"라며 질문을 던진다. 문제에 대해 오랫동안 생각해 왔던 리더와 갑자기 질문에 맞닥뜨린 직원의 모습을 우리는 흔히 볼 수 있다.

잘못된 리더는 '리더와 직원은 생각하는 속도가 다르다'는 점을 인식하지 못하고 질문에 대한 직원의 대답을 기다리다가 그만

"늦어!", "생각 없이 일하고 있군!" 하고 화를 낸다. 하지만 직원은 생각 없이 일한 것도 아니며 대답을 할 수 없는 것도 아니다. 그저 '갑자기 질문을 던지고 생각할 시간을 주지 않은 점'이 문제다. 그러므로 평소에 미팅을 통해 개개인의 '사고력'의 질과 속도를 올려야 한다. 리더와 직원이 미팅이라는 형식을 통하지 않더라도 자주 질문을 던지고 서로 제안을 하는 조직은 활기가 넘치며 새로운 생각과 해결책도 쉽게 나온다.

"좋은 제안이나 의견이 나오기에 3분은 너무 짧지 않을까요?"

이와 같이 생각하는 분도 있다. 하지만 집중해서 생각한다면 3분이면 충분하다. 처음에는 의견이 쉽게 나오지 않는다. 하지만 최종 목표는 '3분 안에 미팅에 참여한 직원 모두가 지정해둔 개수의 제안과 아이디어를 내놓는 것'이다.

의견은 질보다 양이 중요하다. 일단은 정해진 개수의 아이디어를 쓰는 일이 우선이다. 처음에는 쓰는 데 시간이 오래 걸리므로 5분을 주어도 좋다. 그러다 점점 시간을 줄여나가면 된다. 3개월 정도 지나면 3~5분 이내에 직원들이 아이디어를 반드시 쓰게 된다. 바로 이 '쓰기'가 내가 제안하는 미팅의 가장 큰 특징이기도 하다.

언제 어디서 문제가 발생해도 스스로 해결할 방법과 아이디어를 바로 생각해 낼 수 있는 직원을 육성하기 위해, 미팅에서 그 사고법을 익혀두는 것이다. 그래서 미팅은 짧을수록 좋다.

'쓰기'를 중요시하는 미팅이나 회의를 해본 사람은 많지 않다. 강의 때 "써서 발표하는 미팅이나 회의를 하는 회사가 있습니까?"라고 질문하면 손을 드는 분은 많아야 20% 정도다. '쓰기'가 결코 일반적이지 않다는 뜻이다.

왜 나는 쓰기를 중요시할까? 쓰기에는 놀라울 만큼 좋은 점이 많다. 지금부터 쓰기의 다섯 가지 효과를 소개하겠다.

'써서 발표하기'가 핵심 포인트!

이런저런 문제를 방치해두지 말고 바로 해결한다

이를 위해서는 '미래 시점'으로 질문해서 대화해야 한다

1 "앞으로 (해결하기 위해서) 다 같이 어떻게 해야 할까?"와 같이 **'모두에게' 질문하기!**

2 "해결하기 위해서 자신이 할 수 있는 일은 뭘까?"와 같이 **'개인에게' 주체적인 질문하기!**

그 질문에 대해……

자신의 생각을 발표하기 전에 반드시
'3분 동안 여러 의견(최소 2~3개 이상)을 쓰기'부터
시작할 것

'써서 발표'하는 미팅을 반복하면 평소에도
스스로 생각하고 제안하는 직원으로 바뀐다

75

5 제안과 아이디어를 '써서' 발표하면 좋은 점 다섯 가지

'중복 의견'이 사라지고 많은 아이디어가 나온다

도통 '의견들이 없다'며 고민하는 회사가 많다. 가령 10명이서 미팅을 하는데 순서대로 의견을 말하게 해 보자. 3번째 혹은 4번째부터는 "누구누구와 같은 생각입니다"로 끝나기 시작해 10명이 말했는데도 결과적으로 다른 의견은 3~4개 밖에 나오지 않는 경우가 많다. 하지만 '1명이 반드시 2개 이상의 의견을 써서 발표할 것'이라는 규칙을 세우면 어떨까?

쓰는 동안에는 다른 사람의 의견이 보이지 않기 때문에 어쩔 수 없이 자신의 의견을 써야만 한다. "누구누구와 같은 생각입니다'라는 의견은 사라지고 10명이 있으면 최소한 20개 이상의 아이디어나 제안이 모인다. 물론 의견이 비슷하거나 결국 같은 뜻인 경우도 생긴다. 하지만 쓰는 이상 '토시 하나 안 틀린 같은 의견이 나오는' 경우는 없다. 말로 발표해서 모은 3~4개의 제안 속에서 앞으로의 개선책을 고를 것인가? 아니면 써서 모은 20개의 제안 속에서 개선책을 고를 것인가? 누가 생각해도 대답은 후자다. 이것만으로도 성공 확률이 확 달라진다.

직원들의 개성과 특기 분야를 파악할 수 있다

의견을 1개만 받으면 다른 사람과 동일한 경우가 많지만 여러 개의 의견(많으면 많을수록 좋다)을 내게 하면 직원들의 개성과 특기가 확실하게 드러난다. 조직에는 다양한 직원이 있고 저마다의 특기 분야가 있다. 하지만 이를 안다 해도 리더가 직원들의 개성을 충분히 발휘시키지 못하는 경우가 많다. 그러나 직원들에게 여러 개의 의견을 써서 받으면 저마다 특기 분야가 있고, 보는 시점이 다르다는 점, 한 명 한 명의 개성 또한 확실하게 알 수 있다.

어떤 레스토랑에서 리더가 "앞으로 손님들의 만족도를 더 높이려면 어떻게 해야 할까?"라고 질문했다고 하자. 청소가 특기인 직원에게서는 "화장실의 이 부분이 더러워서 계속 신경이 쓰였다" 등의 위생 관련 시점의 제안이 많이 나오며, 접객이 특기인 직원에게서는 "손님의 질문에 대한 대응 매뉴얼"과 같은 고객 응대 관련 제안이 많이 나온다. 또 전화 응대를 자주 하는 직원에게서는 "특정 사람만 전화를 받지 말고 모두가 하루에 세 번 이상 전화를 받도록 하자"는 등의 전화 관련 제안이 많이 나온다.

의견을 1개만 받을 경우 '이런 제안을 다른 사람들은 어떻게 생각할까?'라고 고민하거나 어느 제안을 써야 할지 망설이게 된다. 하지만 여러 의견을 쓰게 하면 어떤 제안을 쓸지 고민하기보다는 개수를 채우는 일이 우선시 된다. 많은 의견을 쓰면 쓸수록 '다른 사람이 어떻게 생각할까?', '뭘 쓰지?'라는 고민보다는 '내가 보는 세계' 안에서 쓰는 수밖에 없다. 제안하는 내용 안에 직원들의 개성이 더 잘 반영된다.

직원들의 개성과 특기를 발견해서 키워주는 것이 중간 관리자의 일이라는 말을 자주 듣는다. 하지만 좀처럼 쉽지가 않다. 그래서 미팅이 필요하다. 미팅을 통해 직원들의 개성과 특기를 발견할 수 있다. 아주 짧은 시간일지라도 많은 의견을 내게 하면 직원들의 특징과 생각이 드러난다. 또 이후에 리더십을 발휘해야 할 때

나 역할 분담을 해야 할 때 이를 활용할 수 있다. 무엇보다 리더 자신도 스스로는 깨닫지 못했던 다양한 시점의 의견을 직원들에게서 받기 때문에 훨씬 더 좋은 경영 판단을 할 수 있다.

듣는 사람도 차분하게 들을 수 있다

'써서 발표'하면 듣는 사람에게도 좋은 점이 있다. 생각이 정리되지 않은 사람의 발표는 주변 사람도 듣기가 힘들다. "음, 그러니까"라는 말을 반복하며 쓸데없이 길다. 때로는 이야기가 주제에서 벗어났는데도 본인이 알아차리지 못하는 경우도 있다. 왜 그럴까?

갑자기 이야기하면 '말하기가 작업의 첫 결과물'이 되기 때문이다. 말하기 전에 글로 쓰면 '쓰기가 작업의 첫 결과물'이 되어 정리된 이야기(쓴 것)를 발표하게 되므로 내용이 안정되어 있어서 듣기가 수월하다. 한 가지 더 좋은 점이 있다. '나의 의견을 이미 썼으므로 침착하게 다른 사람의 발표를 들을 수 있다'는 점이다.

소심한 사람이나 다른 사람 앞에서 이야기를 잘하지 못하는 사람, 생각하는 속도가 느린 사람은 미팅을 하는 동안 "자네는 어떻게 생각하지?"라고 갑자기 질문을 받을까 봐 걱정한다.

79

만약 질문을 받으면 '뭐라고 말하지?', '어떻게 하지?' 하고 패닉 상태가 된다. 자기 일로 이미 머릿속이 꽉 차 있으므로 다른 사람의 발표를 여유롭게 듣기란 불가능하다. 이러면 발표하는 사람에게도 실례가 되며 듣는 사람에게도 좋지 않다.

하지만 의견을 써서 발표하면 어떨까? 이미 자신의 의견이 준비되어 있으므로 모두가 차분하게 다른 사람의 발표를 들을 수 있다. 이처럼 써서 제안하면 좋은 점이 참 많다.

포스트잇을 활용해서 시각화할 수 있다

써서 발표하면 리더(사회 및 진행자)에게도 좋은 점이 있다. 15분 미팅에서는 "좀 전에 뭐라고 말했지?"라고 다시 묻는 일이 큰 방해가 된다. 이를 막기 위해서 나는 처음에 미팅을 할 때 모든 사람의 발언을 화이트보드에 직접 받아 적으면서 다른 사람들이 내용을 눈으로 볼 수 있도록 했다.

하지만 이렇게 하자니 시간이 오래 걸렸다. 무엇보다 사회 및 진행자인 내가 직원들의 의견을 놓치지 않으려다 보니 쓰는 데에 몰두해서 정작 발언 내용에 집중하지 못했다. 그래서 '포스트잇에 써서 제안하기. 이를 모아 붙이기'를 생각해냈다. 직원들이 의견이나 제안을 포스트잇에 쓰고 이를 모아서 붙이면 쉽게 내용을 '시각화'할 수 있다.

---

① 각자 의견이나 제안을 생각해서 포스트잇에 쓴다 (3분).

② 이를 발표하여 공유한다.

③ 포스트잇을 모아서 화이트보드에 붙인다.

이렇게 하자 내가 직원들의 발언을 화이트보드에 받아 적는 시간(직원들이 기다리는 시간)이 사라졌다. 또 내용을 시각화하자 직원들끼리 발표 내용을 '흘려듣거나, 잘못 듣거나, 잊어버리는 일' 없이 미팅을 진행할 수 있었다. 포스트잇을 활용하면서 미팅 시간이 크게 단축되었다.

또 포스트잇을 활용하면 간단히 떼어 붙일 수 있어서 좋다.

"~씨의 아이디어와 ~씨의 아이디어는 비슷하군." 위와 같은 상황이 되면 포스트잇을 떼어서 두 개를 가까이에 다시 붙이면 그만이다. 만약 화이트보드에 직접 썼다면 '화살표 등으로 연결'하게 된다. 그러다 보면 점점 화이트보드에 화살표가 많아지면서 무슨 내용을 썼는지 알아보기 어려워진다.

포스트잇을 잘 활용하기 위해서는 1장의 포스트잇에 1개의 의견만 써야 한다는 규칙을 꼭 지켜야 한다. 1장에 3개의 의견을 써버리면 "이 제안은 이쪽 제안과 비슷하지만 또 다른 제안은 저쪽과 비슷한데……"와 같은 상황이 되어 모아 붙이기가 어려워진다. 의견은 하나하나 따로 써야 포스트잇을 간단히 옮길 수 있다.

포스트잇이라고 해도 종류가 다양하다. 나는 클라이언트 회사에 말할 때 '접착력이 강하고 크기는 세로 75mm, 가로 127mm'인 포스트잇을 구입하라고 권한다. 왜냐하면 '어느 정도의 문자 수(60~100자 정도)는 쓸 수 있는 크기'여야 하고 '쉽게 떨어지지 않는 접착력'이 있어야 하며 '사인펜으로 썼을 때 어느 정도의 거리에서도 잘 보여야 하기' 때문이다. 또 이 정도 크기의 포스트잇은 밑으로 길게 쓸 만한 공간이 없기 때문에 자연히 간결한 표현을 사용하게 된다. 바꿔 말하면 직원들의 생각도 간결해진다.

스마트폰으로 촬영해서 회의록을 남길 수 있다

미팅이 끝나면 '오늘 정한 내용을 잊어버리지 않도록 기록해서 남겨두고 싶다' 혹은 '오늘 참가하지 못한 직원에게 내용을 공유하고 싶다'는 생각에 회의록을 남기고 싶다고 생각하는 분들이 많다. 하지만 아래와 같은 이유로 실행하기가 어렵다.

· 참가자들은 미팅에 집중해주었으면 좋겠다

· 회의록을 담당하는 다른 사람을 참가시킬 여유는 없다

· 리더(사회 및 진행자)에게도 어려운 일이다

· 미팅이 끝나고 나서 쓰는 수고를 들이고 싶지는 않다

이럴 때는 스마트폰으로 촬영해서 회의록을 대신하자. 촬영 영상을 '메일이나 메신저로 보내거나 회사 공유 폴더에 올려서' 공유할 수 있다. 물론 데이터로 보관해 두면 필요할 때 다시 확인하거나 참가하지 않은 직원들에게 '어떤 이야기를 통해 이번 결론에 이르렀는지' 그 과정을 간단히 공유할 수 있다.

포스트잇에 하나하나 써서 마지막에 화이트보드에 붙인다.

현재 메뉴	신메뉴	저녁 시간
언제든지	요리 추가	흔쾌히 받기
현재 메뉴	식후	신메뉴

포스트잇이므로 붙이는 위치를 쉽게 바꿀 수 있고,
시각적으로 아이디어를 정리할 수 있다.

🔍 '써서 발표'하면 좋은 점 다섯 가지

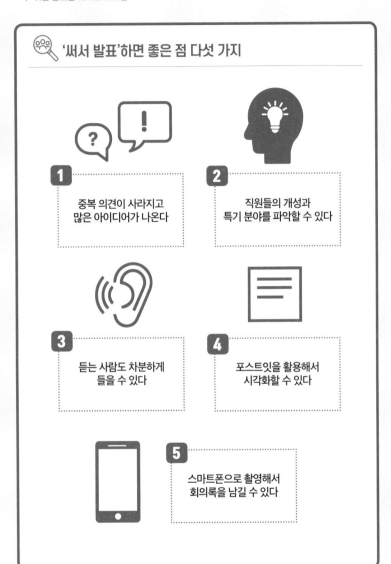

1 중복 의견이 사라지고
많은 아이디어가 나온다

2 직원들의 개성과
특기 분야를 파악할 수 있다

3 듣는 사람도 차분하게
들을 수 있다

4 포스트잇을 활용해서
시각화할 수 있다

5 스마트폰으로 촬영해서
회의록을 남길 수 있다

6 미팅을 순조롭게 만드는 기본 규칙

내용은 뭐든지 상관없지만 "잘 모르겠다"는 금지!

그렇다면 지금부터 써서 발표하기의 포인트를 살펴보자. 리더가 미래 시점의 질문을 미리 정해둔다.

"사전에 메일로 자료를 보냈는데 2월 매출을 올리려면 앞으로 어떻게 하면 좋을까? 3분 동안 3개 이상씩 아이디어나 제안을 써보도록 하지."

기본적으로 내용은 뭐든지 상관없다. 개수가 우선이다. "잘 모르겠다"는 금지다. 리더(사회 및 진행자)는 반드시 직원들에게 쓰기 쉽고 제안하기 쉬운 환경을 마련해 주어야 한다. 이는 평소 직장 생활을 할 때도 마찬가지다. 15분 미팅에서는 우선 '주제'가 있고 이에 따른 미래 시점의 '질문'이 있고, 그 질문에 대한 대답은 '뭐든지 상관없다'가 대전제로 깔린다.

가벼운 상담을 할 때도 '주제'가 없으면 단순한 수다가 되어버린다. 물론 이것도 나름대로 '커뮤니케이션이 원활'하다는 이점은 있지만 이것을 미팅이라고 할 수는 없다. '주제에 대해 대화하기'가 미팅의 원칙이다.

나는 직원들이 의견을 쓰기 어려울 것 같을 때는 아래와 같이 말을 걸어서 쓰기 쉽고 제안하기 쉬운 분위기를 조성한다.

"질은 중요하지 않아. 개수를 맞추는 게 우선이야."

"학교 수업이랑은 다르니까 절대적인 정답은 없어. 내용은 사람마다 다른 게 정상이지."

"무책임한 내용도 좋고, 비상식적인 대답도 좋아."

"미팅은 가능성을 넓혀나가는 자리니까 일단 뭐든지 자유롭게 써도 돼."

"사람마다 내용이 달라도 좋아. 오히려 달라야 모두가 모인
가치가 있는 거고."

미팅을 통해 '생각해서 쓰기'를 하면 다른 사람의 내용은 보이
지 않는다. 그래서 '다른 사람은 무슨 내용을 쓰고 있을까?', '나만
이상한 이야기를 하는 거 아닐까?'처럼 불안해한다. 이 불안감을
없애주어야 한다.

또 직원들은 항상 상사의 눈치를 살피며 일을 한다. 일상적인
대화를 할 때도 '상사가 원하는 대답 찾기'를 하는 사람이 대부분
이다. '부정당했다', '혼났다', '오히려 화를 냈다' 등의 경험을 통해
'뭐라고 말해야 혼나지 않을까?'를 고민하는 사람이 많다.

직원들이 원래 가지고 있는 다양한 능력과 시점을 끄집어내서
개개인의 '사고력'을 올려주기 위해서는 이와 같은 '대답 찾기'라
는 속박에서 벗어나게 해주는 것이 제일 먼저 해야 할 일이다. '다
른 사람과 다른 이야기여도 말하기 쉬운 분위기'를 만들어주는 것
이 첫 번째 단계.

발표는 포스트잇에 쓴 내용만

미팅을 짧게 하려면 우선 발표(제안) 시간이 짧아야 한다. 이를 위한 기본 규칙은 '포스트잇에 쓴 내용만 발표할 것'이다. 만일 의견과 관련된 보충 설명을 하고 싶다면 반드시 '15초 이내로 짧게' 해야 한다.

늘어지는 회의나 미팅의 특징 중 하나는 '어느 특정 한 사람이 이상하게 길게 이야기하는' 경향이 있다는 점이다. 이런 상황을 피하고 직원 모두를 참여시키기 위해서 '쓰기'라는 단계를 밟는 것이다. 또한 이는 짧은 문장으로 적확하게 표현하는 능력을 기르는 데에도 도움이 된다.

포스트잇을 몇 장이나 써가며 장문의 글을 써도 안 되고, 반대로 보충설명 없이는 이해가 안 될 만큼 몇 개의 단어만 써도 안 된다. 왜냐하면 전원이 의견을 다 쓴 다음 발표 후에 화이트보드에 포스트잇을 붙여서 공유하기 때문이다. 나중에 봤을 때 너무 길거나 읽기 어렵거나 혹은 단어뿐이라서 무슨 내용을 썼는지 모르겠다면 곤란하다. 이래서는 모처럼 제안한 내용이 의미가 없어진다.

가장 영향력이 적은 사람부터 발표하기

다음은 발표의 순서다. 먼저 기본적으로 회사 내에서 영향력이 적은 사람부터 큰 사람까지 줄지어서 영향력이 제일 적은 사람부터 순서대로 발표해야 한다. 영향력이 가장 큰 사람은 제일 마지막에 발표한다. 영향력이 큰 사람이 처음부터 강한 어조로 의견을 말해버리면 다른 직원들이 발언하기 어려운 분위기가 조성되기 때문이다.

또 리더가 사회 및 진행자 역을 맡았을 때는 자신의 아이디어도 써서 발표해야 한다. 순서는 제일 마지막이다. 리더가 발표를 하지 않으면 제안한 다른 직원들의 포스트잇 중에서 자신의 의견과 가장 가까운 것이 없을 경우 리더의 의견은 포스트잇에 없는데 자기가 하고 싶은 의견을 밀어붙이는 경우가 생긴다.

'포스트잇으로 제안하지 않은 의견을 자기 마음대로 선택하네.', '모두에게 의견을 묻는다 해도 결국 자기 하고 싶은 대로 하잖아.' 리더가 의견을 써서 발표하지 않으면 이와 같은 오해를 불러일으키기 쉽다. 미팅에서 리더가 해야 할 일은 '매끄러운 진행'이 아니라 직원 모두의 지혜를 모아서 더 좋은 제안과 아이디어를 끄집어내는 것이다.

숫자 활용하기

처음에는 뭐든지 OK! 일단 '생각해서 개수를 채워 적기'를 우선시하자. 하지만 개수에 맞춰 제안을 적어 내는 데에 어느 정도 익숙해졌거나 '좀 더 단시간에 효율적으로 다른 사람에게 의견을 전달하고 싶다'는 단계에 접어들면 조금씩 정밀도를 높여보자. 구체적으로는 '숫자'를 적극적으로 활용하는 방법이 있다.

비즈니스에서 숫자라고 하면 '매출', '이익'을 떠올리는 분이 많을지 모르겠지만 여기서 말하는 숫자는 조금 다르다. 좀 더 넓은 의미의 숫자다. 미팅이나 회의, 일상 대화에서 나의 이야기를 상대가 이해했다고 생각했는데 실상 그렇지 않았던 경우가 있다. 그 이유는 대부분 '사용하는 언어가 지나치게 추상적'이기 때문이다. 추상적인 언어를 사용한 커뮤니케이션의 예를 들어보겠다.

"시간을 엄수하자."
"작년 같은 시기보다 손님이 많아진 것 같습니다."
"이 일은 중요하니까 가능한 한 빨리 부탁해."

이러한 커뮤니케이션은 '추상적'이어서 사람마다 서로 감각적으로 느끼는 정도가 다르다. 따라서 오해가 생기기 쉽다. 추상적인 언어는 '듣는 사람의 해석이 자유롭다'는 장점이 있지만 반대로 '저마다 가치관이 다르기 때문에 판단이 달라진다'는 단점도 있다. 특히 가치관이 다른 여러 사람이 짧은 시간 안에 효율적으로 커뮤니케이션하려면 숫자를 활용해야 한다.

"출근 시간을 엄수하자"라는 말을 예로 살펴보자. '몇 분 전에 와야 하는지'는 개개인의 상식에 따라 다르다. '10분 전에는 와야 한다'고 생각하는 사람도 있지만 1분 전에 쑥 들어와서는 '시간 엄수 OK!'라고 생각하는 사람도 있다. '신입은 20분 전에 와서 개시 준비나 청소를 돕는 게 당연하다'고 생각하는 사람도 있다.

그렇다면 어느 것이 정답일까? 가치관의 문제이므로 절대적인 정답은 없다. 하지만 회사의 입장에서 생각해보면 가치관의 문제로만 볼 수는 없다. '회사의 가치관'으로서 출근 시간을 명확하게 정해주면 오해가 생기지 않는다.

하지만 구체적인 숫자로 출근 시간을 공유하는 회사는 많지 않다. 그래서 오해가 생기고 '저 사람은 상식이 없군!' 하는 말들이 오가는 것이다. 더욱 큰 문제는 상사들조차 출근 시간에 대한 상식이 조금씩 달라서 직원들이 더욱 혼란스럽다는 점이다. 이럴 때 숫자를 활용해서 공유하면 어떨까? 좀 전의 예를 들어보자.

> "우리 회사에서 출근 시간 엄수라는 말은 10분 전에 오는 것
> 을 말해."

이처럼 사내에 공유하는 것이다. 숫자를 활용해서 내용을 명확하게 공유하면 오해가 사라진다. 하지만 평소에 숫자 활용에 익숙하지 않은 사람은 '거북함'을 느끼기도 한다. 숫자에 익숙하지 않은 경우 익숙해지기까지 처음에는 시간이 걸릴지도 모른다. 리더는 이 부분을 이해해가면서 숫자 활용 방법을 도입해 나가야 한다.

예 활용하기

숫자 활용하기 이외에도 "예를 들면……"이라는 관용구를 활용하는 방법도 효과적이다. 예를 들어보겠다.

"영업팀과 제작팀 사이가 안 좋은 게 문제다. 하지만 이 점을 직접 얘기하기는 어렵다." 아무도 상처받지 않도록 완곡하게 에둘러 표현해서 앞으로의 개선책은 "각 팀이 좀 더 커뮤니케이션을 할 것!"이라고 추상적으로 정하는 경우가 있다.

회사 내의 문제를 해결할 때도 이와 비슷한 제안들이 자주 등장한다. 하지만 이러한 제안들이 채택되어도 이 상태로는 결과가 제대로 나오지 않는다. 이유는 앞서 말했던 숫자처럼 표현이 추상적이기 때문이다. '개개인의 해석이 달라질' 가능성이 높다.

한 가지 더 알아두어야 할 점이 있다. 추상적인 제안은 공감을 얻기는 쉬우나 실행되기는 어렵다는 것이다. "좀 더 커뮤니케이션하자"라고 말해도 내일부터 어떻게 바꾸면 되는지 아무도 모른다. 무엇을 어떻게 바꿔야 할지 모른 채 미팅이 끝나버리므로 구체적으로는 아무것도 달라지지 않는다. 즉 성과가 나오지 않는다. 이 점을 이해했다면 "그러면 성과를 내기 위해서 구체적으로 어떻게 해야 할까?"라고 반복해서 질문하여 구체적으로 대화해야 한다.

그래서 나는 제안자에게 다시 질문한다.

"각 팀이 지금보다 더 커뮤니케이션하기 위해서 구체적으로 어떻게 하면 좋을까? 예를 들면 '아침 조례 후에 10분 정도 ○○팀과 △△팀이 하루의 일을 간단히 상의하자'처럼 구체적인 예로 말이지. 이런 식으로 추가 제안을 좀 더 해볼까?"

　제안한 사람은 분명히 과거에 어떤 장면을 보고 '이게 문제다'라고 느꼈을 것이다. 그래서 문제라고 느꼈던 장면을 바탕으로 구체적인 개선책을 내놓을 가능성이 높다. 사람에 따라서는 같은 장면을 보고도 문제라고 느끼지 않을 수도 있다. 그러므로 굳이 문제라고 '느끼지 않는 사람'까지 포함해서 모두 함께 새로 대화를 할 필요는 없다. 이는 시간 낭비다. 이러한 시간 낭비를 피하려면 '숫자'와 '예'를 활용해야 한다.

　'숫자'와 '예'를 활용하기만 해도 미팅 시간을 크게 줄일 수 있다. 숫자와 예를 활용하면 다른 사람에게 이야기를 전달할 때 구체적으로 이미지화되어 공유하기 쉬워진다. 공유가 되면 적절한 판단을 할 수 있다. 이렇게 결정된 제안은 실행할 때 좀 더 빠르게 시작된다. 꼭 숫자와 예를 활용해보자.

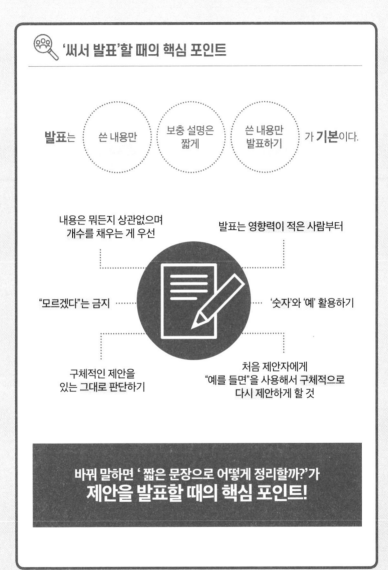 '써서 발표'할 때의 핵심 포인트

발표는 (쓴 내용만) (보충 설명은 짧게) (쓴 내용만 발표하기) 가 **기본**이다.

내용은 뭐든지 상관없으며
개수를 채우는 게 우선

발표는 영향력이 적은 사람부터

"모르겠다"는 금지

'숫자'와 '예' 활용하기

구체적인 제안을
있는 그대로 판단하기

처음 제안자에게
"예를 들면"을 사용해서 구체적으로
다시 제안하게 할 것

바꿔 말하면 ' 짧은 문장으로 어떻게 정리할까?'가
제안을 발표할 때의 핵심 포인트!

발언을 들을 때 지켜야 할
다섯 가지 포인트

발언할 때는 끼어들지 말기

미팅은 커뮤니케이션을 하는 자리다. 효과적인 커뮤니케이션을 하기 위한 기본 원칙은 다른 사람의 이야기에 귀를 기울이는 것이다. 미팅을 통해 다른 사람의 이야기에 귀를 기울이면서 리더를 포함한 모든 직원이 서로의 다양성과 개성을 인정하고 나아가 뭔가를 끄집어내는 것이 15분 미팅의 목적 중 하나다. 그럼 지금부터 구체적인 방법을 소개하겠다.

먼저 리더는 직원들이 발언할 때 끼어들면 안 된다. 정답은 절대 하나가 아니기 때문이다. 발언의 다양성을 인정해주자. 애초에 리더의 눈으로 파악할 수 있는 일의 범위와 양은 한계가 있다. 주변의 모든 직원(부하 및 협력 업체)과 협력할 수 있는 사람이 진짜 리더다.

미팅이나 일상적인 커뮤니케이션에서 직원이 자신의 생각과 전혀 다른 말을 하는 경험은 누구나 해보았을 것이다. 그럴 때 "아니 그렇게 내가 말을 했는데!", "그건 아니지!", "그 생각은 좀 이해하기 어려운데" 등처럼 그 자리에서 직원의 말을 단칼에 자른 적은 없는가? 이때 직원들은 상사의 표정을 가만히 지켜보고는 생각한다.

'아, 이렇게 말하면 안 되는구나.'

그리고 무의미한 충돌을 피하려고 그다음부터는 쓸데없는 말은 하지 않는다. 그야말로 '벌거벗은 임금님'이 되는 셈이다. 직원들에게서 자신이 모르는 관점의 이야기와 정보를 계속해서 모아나가는 리더가 되려면 위와 같은 행동은 절대 하지 말아야 한다. 물론 화를 참기도 쉽지 않으므로 아예 이야기를 듣는 방식 자체를 바꿔야 한다.

나와 다른 생각을 기꺼이 받아들이고,
말하기 쉬운 분위기 만들기

'나와 다르다'는 → '틀리다'가 아니라, '나와 다르다'는 → '개성 있다'로 받아들이자. 국적, 지역, 업종, 나이가 다르면 그 사람이 지닌 '상식'도 달라진다. 회사도 마찬가지다. '회사의 문화'가 다르기 때문이다. 직원들의 가치관은 모두 다 다를 수 있다. 아이디어나 생각에 절대적인 정답이란 없다.

'나의 상식은 타인에게 비상식일 수 있다.'
'다른 사람은 내가 알아차리지 못한 부분을 알려준다.'

위와 같이 생각하자. 그러면 이야기를 듣는 리더인 당신의 표정이 자연스럽게 달라진다. '성공 확률이 높은 경영 판단을 잘한다', '주변 사람들과 잘 협력한다' 이런 평을 받는 리더가 되려면 다양한 관점의 이야기를 받아들이고 다양성을 인정해야 한다. 이렇게 하면 리더뿐 아니라 미팅에 참여하는 직원들에게도 위와 같은 점을 가르칠 수 있어서 교육적인 측면도 있다.

묻고 싶을 때 질문하지 않기

직원들의 이야기를 듣고 있는 도중에 질문하고 싶어지는 경우도 있다. 만일 질문을 하고 싶다면 메모를 해 둔 다음 모든 사람의 발표가 끝난 뒤 질문 시간을 따로 마련하자. 질문은 최소한으로, 중요한 점만 질문한다는 자세가 중요하다. 그 이유에는 두 가지가 있다.

하나는 이야기가 옆으로 새기 쉽기 때문이다. 그리고 다른 하나는 단순한 '확인 질문'이 아니라 '힐문'이 되는 경우가 많기 때문이다. 예를 들어 B팀의 사람이 A팀에게 개선책에 대한 제안을 했다고 하자.

B팀의 제안자 : A팀이 좀 더 ○○에 시간을 들이면 어떨까요?

듣고 있던 A팀 : 잠시만요. 그 말은 우리가 ○○를 제대로 하고 있지 않다는 뜻인가요?

B팀의 제안자 : 아니, 그런 의미는 아니었는데…….

듣고 있던 A팀 : 그럼 무슨 의미죠?

이는 확인 질문이라기보다 상대에게 따지는 힐문이 된다. 분위

기는 나빠지고 제안자도 다음부터는 제안하기를 그만두며 시간
은 자꾸만 흘러간다. 좋은 점은 하나도 없다.

이야기를 끝까지 듣기

다른 사람과 이야기할 때 이야기를 어디까지 들어주는 편인
가? "다른 사람의 이야기를 끝까지 들어주는 경우는 보통 몇 퍼센
트 정도인가?"라고 질문받는다면 어떻게 대답하겠는가? 놀랍게
도 다른 사람의 이야기를 끝까지 들어주는 리더는 많지 않다.

"알겠어. 하고 싶은 이야기는 이거지?"

"잠깐만. 그러니까 안 되는 거야."

"아, 알겠으니까 이렇게 해."

마지막까지 들어주기는커녕 직원들의 이야기를 도중에 끊는
경우가 많다. 나도 전 직장에서 리더로서 같은 입장을 경험했기
때문에 리더들의 마음을 알고는 있다. 일단 리더는 바쁘다.

두서없이 장황하고 변명 같은 이야기를 끝까지 들어줄 시간이
없다. 빨리 자신이 판단해서 결단을 내려야 한다.

하지만 입장을 바꿔서 생각해보자. 만일 당신이 이야기하는 도중에 상사가 당신의 이야기를 중간에 끊어버린다면 기분이 어떨까? 당연히 좋지 않을 것이다. 언젠가 나보다 더 바쁘고 더 큰 일을 하는데도 불구하고 직원들의 이야기를 끝까지 들어주는 리더를 만난 적이 있다. 그때 내 생각은 크게 달라졌다. 직원들이 두려워하지 않고 마음 놓고 웃는 얼굴로 이야기하도록 만들어주는 리더가 되고 싶다고 생각했다.

직원들의 이야기를 진심으로 들어주면 직원들도 리더의 이야기를 진심으로 들어준다. 15분 미팅을 할 때만이라도 상관없다. 직원들이 중요한 정보를 마음 편히 이야기할 수 있도록 만들어주는 리더가 되어보자. 15분 정도라면 그리 힘들지 않을 것이다.

결론을 유도하지 말기

"내가 이야기하면 강요가 되므로 알아서 깨달아 주었으면 좋겠다." 이런 생각 때문에 리더의 마음속에는 이미 결론이 100% 내려져 있음에도 불구하고 미팅이나 회의를 해서 '리더 자신의 생각'을 최종적인 결론으로 유도하는 경우가 있다. 간단한 미팅에서도 자주 있는 일이며 회의에서는 매우 흔한 일이다.

101

리더의 생각을 유도하는 것 자체를 부정하고 싶지는 않지만 나는 절대 미팅에서 내 생각을 유도하지 않는다. 내가 경험한 바로 직원들은 상사가 생각하는 것 이상으로 민감하다. 리더의 의견을 유도하면 직원들은 분명히 '지금 유도하는 건가?', '결론은 이미 내려져 있는 거 아니야?'라고 느낀다.

또 만약 '리더가 원하는 답을 찾는 과정'을 가진다 해도 리더 자신이 아닌 이상 직원들이 정확한 답에 이르러 준다는 보장은 없다. 왜냐하면 '직원들이 내놓은 제안이나 의견 속에 애초에 리더가 원한 답이 없을지도' 모르기 때문이다. 그래서 시간도 더 걸린다. 그리고 이처럼 복잡한 과정을 거치는 리더를 직원들은 결코 존경하지 않는다.

리더는 항상 '내가 반대 입장이라면 기분이 어떨까? 반대 입장일 때 기분 나쁜 일이라면 하지 않겠다'는 생각을 가져야 한다. 처음부터 결론이 내려져 있다면, 내려진 결론(앞으로 하고 싶은 일)을 미리 직원들에게 전달하여 이 일이 필요한 이유를 자세하게 설명하자.

유도하지 말고 '스스로 최선을 다해 직원들에게 전달하는' 편이 빠르고 정확하게 리더의 의견이 직원들에게 전달된다. 이렇게

하면 저마다의 다양성과 개성을 인정할 수 있는 리더가 되며 직
원들도 이 점을 배우게 된다.

'발언을 들을 때' 지켜야 할 다섯 가지 포인트

1
발언할 때는 끼어들지 말기
유일한 정답이란 없다.
다양성을 인정하자.

 2
나와 다른 생각을 기꺼이 받아들이기 (말하기 쉬운 분위기 만들기)
'자신의 상식은 타인의 비상식이다',
'자신이 알아차리지 못한 부분을 알려준다'고
생각하자.

5
결론을 유도하지 말기
직원은 리더가 생각하는 것
이상으로 민감하다.
리더가 생각하는 것을 유도하면
'유도하는 건가?', '결론은 이미
내려져 있는 건가?'라고 느낀다.

3
묻고 싶을 때 질문하지 않기
이야기를 듣고 있을 때 질문하고
싶어지는 경우가 있다.
질문하고 싶은 경우에는 메모해
두었다가 모든 발표가 끝난 후에
질문 시간을 마련하자.

4
이야기는 끝까지 듣기
직원들의 이야기를 진심으로 들어주면 직원들도 리더의
이야기를 진심으로 들어준다.
15분 미팅에서만이라도 직원들의 이야기를 끝까지 들어주자.

**'듣는 능력'을 키우고, 정보를 모으며,
적절한 판단을 할 수 있는 리더가 되자!**

104

8 '미래의 가능성'이 보이는가?

미래를 창조하는 미팅이란?

어떤 직장이든 개인이 느끼는 바의 차이는 있을지언정 크거나 작은 문제가 있다. 문제없는 회사란 없다. 15분 미팅은 앞으로 더 나아지기 위해서, 눈앞의 목표를 달성하기 위해서 장애로 작용하는 여러 문제를 수동적인 자세로 '뚜껑을 덮은 채 못 본 척' 하지 말고 스스로 생각하고 행동해서 '해결해 나가고 미래를 창조하는 것'이 목적이다.

이와 같은 방식으로 미팅을 하면 문제에 대해서 혼자서는 생각하지 못했던 많은 제안과 아이디어가 나온다. 나온 제안과 아이디어는 모두 미래 시점의 제안뿐이므로 해결할 가능성은 매우 커진다. 바쁜 와중에 모여서 미팅을 하는 이유는 '범인을 잡기' 위해서가 아니다. 미팅은 '더 나은 미래'를 창조하기 위한 시간이다.

문제는 다 같이 해결한다

"너무 높은 목표라서 힘들 거라 생각했는데 혼자서는 생각지 못했던 아이디어가 많이 나와서 모두 다 같이 하면 달성할 수도 있겠다고 생각했다."
"도저히 해결할 수 없는 문제라고 여겼는데 해결할 수 있을 것 같은 기분이 든다."

클라이언트 회사로부터 이러한 이야기를 많이 듣는다. 혼자서는 할 수 없지만 팀원이 모여서 지혜를 모으면 가능성은 무한대로 커진다. 팀원이 다 같이 모여 해결할 수 없는 문제는 애초에 일어나지 않는다.

리더였던 내 자신의 경험, 클라이언트 회사들의 다양한 경험을 토대로 나는 위와 같이 단언할 수 있다. 지금까지 나온 방법들을 어떻게 실행하는지는 모두 리더에게 달려있다.

'앞으로 일을 해 나가는 힌트'가 되어도 좋고 '다음 미팅에서 구체적인 방법을 선택해서 실행 계획을 세워 나가도' 좋다. 지금까지가 스텝 1 '질문과 제안하기'에 관한 내용이었다. 다음 장에서는 나온 제안과 아이디어를 어떻게 '정리해서 결론'을 내려야 하는지 구체적인 방법을 알아보겠다.

STEP 2

아이디어를
정리하고 합의해서
결정하기

빠르게 진행하면 성과는 더 커진다

빨리 결정하고 합의가 잘 이루어지는 시스템을 만들면
조직도 강해지고 커뮤니케이션도 원활해진다.

1 결정을 빨리해야 일이 잘 풀린다

제안, 아이디어는 빨리 결정한다

스텝 1에서는 미팅에서 아이디어나 제안을 모으는 방법을 설명했다. 스텝 2에서는 아이디어와 제안을 정리하고 합의하는 방법에 대해 설명하고자 한다. 즉, 무엇을 어떻게 할지 정하고 결정하는 단계다. 어떻게 이야기하며 어떻게 들을지는 15분 미팅에만 한정되지 않고, 다른 회의 등에서도 활용할 수 있다.

스텝 1 (5분)	미래 시점의 질문하기 직원 모두가 아이디어와 제안 내기
스텝 2 (5분)	나온 아이디어와 제안을 효율적으로 정리해서 결정하기 모두의 합의를 끌어내기
스텝 3 (5분)	실행력을 올리기 위해 이미지를 공유하고 계획 세우기

앞서 한 이야기의 반복이지만 이것이 미팅의 기본 과정이다. 즉, 스텝 1에서는 아이디어와 제안을 내고 스텝 2에서는 나온 아이디어나 제안을 정리하고 결정하며 스텝 3에서는 계획을 세우는 것이다.

단, 스텝 1, 2, 3만으로는 확실한 성과가 나오지 않는 경우도 있으므로 후에 '방향 수정 미팅'으로 계획을 계속해서 수정해가며 실행한다. 이것이 스텝 4가 된다.

생각한 만큼 미팅이나 회의가 큰 효과를 발휘하지 못하는 회사를 보면 정확한 판단에 지나치게 집착해 '결정'하는 데 시간이 너무 많이 걸린다는 특징이 있다.

요즘은 변화가 참 빠른 시대다. 유일한 정답이란 거의 없다. 또 결정한 일이 모두 예정대로 진행된다는 보장도 없다. 그런데 분석하는 데 시간을 많이 쓰고 '심사숙고'해야 한다며 판단을 자꾸 뒤로 미룬다.

또 회사 내에 지위 체계가 복잡해서 기안서 1장 올리는 데도 시간이 오래 걸린다. 이 때문에 현장에 내리는 지시는 점점 늦어진다. 강한 기세로 치고 올라오는 경쟁 회사에 점점 뒤처지고 있다는 사실도 알지 못한다. 이것이 큰 문제다.

일본의 120개 기업을 포함하여 전 세계 760개 기업을 대상으로 의사 결정력과 기업의 실적 및 시가 총액의 상관관계 등을 분석한 자료가 있다.

'의사 결정 효율이 높은 기업'과 '낮은 기업'의 과거 5년간의 매출 성장률 등을 비교했는데 전자는 5년 전에 비해 15.5% 성장한 데 반해, 후자는 10.6% 성장하여 양자 간에 5%나 차이가 났다(미국 BAIN & COMPANY 조사, 2008년).

또 조사 대상 기업의 의사 결정을 '속도', '질', '실행력', '소비하는 노동력' 4가지 항목으로 나눠 수치화한 뒤 상관관계를 살펴보니 의사 결정 속도가 빠를수록 결정된 내용의 질도 높아지고 결정 사항의 실행 과정도 순조로우며 쓸데없는 시간 낭비가 없다는 점이 밝혀졌다. 즉, '이 시대의 경영은 결정을 빨리해야 일이 잘 풀린다'는 뜻이다.

하물며 업무 현장이 중심인 미팅이라면 더욱 그렇다. 회사 전체의 방향이 무엇인지와 같은 커다란 이야기가 아니라 한 번 꺼내면 되돌리기 힘들 만큼 숨 가쁘게 돌아가는 것이 미팅의 커뮤니케이션이다. 결정을 뒤로 미루지 말고 '즉시 결정하여 일단 실행해보기', '실행해가면서 방향을 수정하기'가 중요하다.

'사람'을 중심으로 정리하면 계획도 빨리 나온다

의사결정을 빨리하려면 어떻게 해야 할까?

직원들의 의견이 정리된 상태여야 결정을 빨리 내릴 수 있으므로 일단 의견을 '시각화'하자. 그다음 의견을 정리하는 포인트는 '사람'을 중심으로 하는 것이다. 즉, '누가 누구에게 할 것인가?'라는 시점으로 제안 및 아이디어를 나누면 이후의 계획이 순조롭게 진행된다. 담당자를 쉽게 결정할 수 없는 일들은 '기타'로 묶어 두자.

예를 들어 '손님 모으기'라는 주제로 제안과 아이디어를 모았다고 하자.

- 홈페이지 수정이나 SNS 활용에 관한 제안

  '인터넷 담당자가 → 손님에게'

- 다른 매장에서 손님을 잘 모으는 ○○점장에게 조언을 받는다

  '△△가 → ○○점장에게'

- 지금까지 시도해본 적 없는 매체 활용에 관한 제안

  담당자 없음 '기타'

이와 같이 나누면 '누가 누구에게 해야 하는 제안 및 아이디어가 많은지', '여러 사람이 같이 맡은 제안은 무엇인지' 등이 한눈에 보인다. 이처럼 '사람'을 중심으로 제안과 의견을 정리하면 결정이 빨라진다.

정리 방법은 'KJ법(가와기타 지로가 창안한 정리법. 아이디어를 모두 적어낸 뒤 비슷한 카드를 모으고 그룹별로 제목을 붙인 뒤 도표화, 문장화하여 정리하는 법. 옮긴이 주.)'이나 '매트릭스법(매트릭스와 같은 행렬식 칸을 사용해서 의견과 제안을 분류하고 정리하는 법. 옮긴이 주.)' 등 실로 다양하며 나도 가끔 이와 같은 방법을 사용한다. '인터넷 관련', '매체 관련'과 같이 내용을 카테고리별로 분류해서 정리해도 좋다. 하지만 나는 기본적으로 이와 같은 정리법을 추천하지는 않는다.

왜냐하면 '시간이 오래 걸리기' 때문이다.

미팅에서는 아이디어를 더 확장하거나 더 세밀하게 정리하는 것이 목적이 아니다. '빨리 결정하기'가 중요할 뿐이다. 의견이나 제안의 정리는 적당히 해도 상관없다. 모든 아이디어나 제안을 정리했다면 '지금 이 자리에서 어느 방법을 선택할지' 리더가 즉시 결정해야 한다.

회사에는 다양한 가치관을 지닌 사람이 모이며 저마다 이해관계도 다르다. 모든 직원이 100% 만족하는 결론이란 없다. 하지만 결정해서 앞으로 나아가지 않으면 '잘하면 현상을 유지'하거나 '쇠퇴의 길'을 걷게 된다. 그러므로 리더의 결단력이 무엇보다 중요하다.

다음으로는 '실행력', '합의력', '성과'가 올라가는 결정의 포인트를 소개하겠다.

제안의 정리는 '사람'을 중심으로!

포스트잇에 쓴 제안을 '정리'하기

일의 내용에 따라 카테고리별로 분류해도 좋지만,

'누가 누구에게 할 것인가'라는 '사람'을 중심으로 정리해야 한다

예 '손님 모으기'에 관한 아이디어를 모을 때

홈페이지 수정이나 SNS 활용에 관한 제안

다른 매장에서 손님을 잘 모으는 ○○점장에게 조언받기

→ 인터넷 담당자가 손님에게

→ △△가 ○○점장에게

**누가 누구에게 하는 제안이나 아이디어가 많은가?
여러 사람이 같이 맡은 제안은 무엇인가?**

2 무엇을 선택할지 결정한다

결정할 때 중요한 점은 '선택과 집중'

여러 가지 제안과 아이디어가 나오면 리더는 가능한 많은 제안을 선택하고 싶어진다. 그러나 경험상 욕심부리며 많은 일을 결정하면 성과는 나오지 않는다.

이유는 두 가지다. 첫 번째 문제는 전부 다 실행하기 어렵다는 점이다. 전담 프로젝트팀을 만들어서 "이제까지 해왔던 일은 하지 않아도 됩니다"라고 하면 모를까 현장에서 일하는 실무진들은 '매일 매일 해야 하는 일(루틴 워크)이 쌓여 있다. 그 와중에 짬을 내서 미팅에서 결정된 사항을 실행하는 것이다. 다시 말해 애초에 시간

117

이 많지 않다. 그래서 '선택과 집중'이 중요하다. 예를 들어 리더가 한 직원에게 10개의 사항을 개선해 달라고 요청했다고 하자.

① 10개를 한 번에 말하며 "내일부터 전부 개선해 줘"라고 전달한다.
② 10개를 전달하되 "먼저 이번 달에는 한 가지 사항만 개선하는 데 집중해 줘"라고 말하며, 매달 한가지씩 집중해서 개선하도록 요청한다.

1년이 지났을 때 어느 쪽이 더 문제가 잘 개선됐을까?

②번, 매달 한가지씩 집중해서 개선하도록 요청한 쪽이다. 사람은 그리 한 번에 많은 것을 기억하지 못하며 실행하지도 못한다. 많은 일을 결정하면 성과가 나오지 않는 두 번째 이유는 '미팅을 할 때마다 새로운 일이 늘어나기' 때문이다. 미팅을 반복하면서 일이 자꾸만 늘어나면 직원들은 점점 미팅을 꺼린다. 단순히 일을 늘리기만 해서는 또 다른 문제가 발생하며 해결과는 점점 멀어진다.

그렇다면 나온 제안 중에서 몇 개를 선택하면 좋을까? 기본적으로는 1팀에 3개 이내다. 직원 한 명 당 맡게 되는 일은 최대

0.5개~1개 이내여야 한다. 즉, 4명이라면 2~3개, 2명이 미팅을 한 경우라면 최대 2개, 6명 이상이 했다면 분담해서 3개여야 한다.

처음에는 욕심부리지 말고 조금씩 시작하며 확실하게 실행해서 작은 성과라도 올리자. 이것이 바로 15분 미팅의 기술이다. 어떤 아이디어나 제안이 가장 중요한지 골라내서 거기에만 집중해야 한다.

노동력과 비용은 최소로, 성과는 최대로

그렇다면 적게 선택해서 성과를 내려면 어떤 제안을 결정해야 할까?

바로 실행할 수 있다	**시간이 걸린다**
비용이 적게 든다	**비용이 많이 든다**
회사에 중요한 일이다	**중요하지 않은 일이다** ◄ 문제 해결에 중요한 일인가, 아닌가
성과가 예측 가능하다	**성과가 나올지 불투명하다**

이렇게 비교해서 생각하자. 가장 먼저 생각해야 할 점은 '짧은 시간 안에 가능한가(길어도 1개월 이내)', '비용이 적게 드는가', '회사에 중요한 일인가', '성과가 예측 가능한가'이다.

미팅을 하면 커뮤니케이션이 원활해지고 조직력이 강해진다.

여기에 조직력을 더 올리려면 일을 빠르게 진행하고, 작은 성과를 올려 긍정적인 경험을 자꾸 쌓아야 한다. 작은 성과가 반복해서 쌓이면 직원들에게 자신감이 붙고, 고객들도 기뻐한다. 이와 같은 선순환 구조를 직원들 스스로 만들게 되면 성장에 점점 속도가 붙는다.

'선택'해야 할 일의 수는 1팀당 3개까지!

너무 많으면······

'미팅을 할 때마다
새로운 일이 늘어난다'
'다 실행하기 어렵다'

처음에는 욕심부리지 말고
조금씩 시작해서
확실히 실행하고 작은 성과라도 올리자

이것이
15분 미팅의 기술!

어떤 **아이디어나 제안**이 중요한지
골라내서 여기에 집중한다

**적게 선택해서
성과를 내려면
어떤 제안을
결정해야 할까?**

바로 실행할 수 있다

비용이 적게 든다

회사에 중요한 일이다

성과가 예측
가능하다

시간이 걸린다

비용이 많이 든다

중요하지 않은 일이다

**성과가 나올지
불투명하다**

'짧은 시간 안에
가능한가'

'비용이
적게 드는가'

'회사에
중요한 일인가'

'성과가
예측 가능한가'

를 생각하자!

직원들이 찬성하지 않더라도 때로는 도전해야 한다

하지만 그렇다고 해서 '바로 할 수 없고 시간과 비용이 많이 들지만 성과가 나오는 제안'을 선택하지 말라는 뜻은 결코 아니다. 원래 이러한 제안일수록 경쟁 회사와는 구별되는 독자성을 가질 기회이거나, 회사가 크게 도약할 기회가 잠재되어 있다.

"이렇게 하면 좋다는 건 알고 있습니다. 하지만 실행이 영 쉽지가 않아서……."

이런 일이 많을 것이다. 이렇게 몇 년 동안 뒤로 미뤄두었던 일을 직원 모두가 힘을 모아 실행하려 할 때 분명 미팅이 큰 힘이 되어 줄 것이다. 또 '많은 사람이 찬성하는 제안을 선택'해야 한다고 여길지도 모르지만 반드시 그렇지는 않다.

의식적이든 무의식적이든 사람은 자신이 충분한 지식이 없어서 잘 모르는 일, 새로운 일에는 조심스러워진다. 그 결과 직원들의 반응이 좋지 않다는 이유로 제안을 선택하지 않으면 새로운 일에 도전할 기회는 사라진다. 그래서 늘 같은 상황만 반복되고 큰 성과가 나오는 일도 없다. 이와 같은 조직을 자주 봐왔다.

"모두 싫어하지만 반드시 성과가 나올 일이다." 리더라면 때로는 이와 같은 판단도 해야 한다. 요컨대 반드시 성과가 나올 법한 일이라면 찬성하는 직원이 적더라도 선택해야 한다는 뜻이다. 이것이 진짜 리더십이다.

실제 한 클라이언트 회사의 예를 살펴보겠다.

클라이언트 회사 중에 홋카이도 전역에서 활약하는 주택 회사가 있다. 불과 10년 만에 사원 수가 4배가 되어 120명이 될 정도였다. 사원 수가 점점 늘어나서 일찌감치 조직력을 올리고 싶다는 생각으로 사장은 6년 만에 전 사원의 연수를 계획했다.

그러나 연수를 가려는 시기는 회사 내적으로 매우 바쁜 시기였다. 게다가 사원 연수와 조직력 향상의 연관성을 찾기도 어려웠다. 사원 연수에 비용을 들이는 일에는 한마디로 '각오'가 필요했다. 그런데도 사장은 연수를 하기로 결정했다.

연수가 끝나고 전 사원에게 설문조사를 했는데 '연수를 해서 좋았다'는 의견이 많았다. 결과적으로 전 사원의 연수는 성공적이었다. 실제로 나중에 정기 미팅에서 한 임원에게 연수에 대해 물어보니 "지난주에 다녀온 전 사원 연수 분위기가 엄청 좋았어요. 처음에는 다들 귀찮다는 분위기가 팽배했는데"라는 대답도 들을 수 있었다.

전 사원 연수라는 이벤트가 하나의 계기가 되어 지금 이 회사는 홋카이도 전역에 지점을 늘리고 주택 건물 수와 매출액을 점점 올리며 성장을 지속하고 있다.

"조직력 향상을 위해 이 정도 비용을 들여서 전 사원 연수를 2일간 하고 싶은데 어떻게 생각하지?"

만일 사장이 연수를 결정하기 전에 미팅에서 직원들에게 의견을 묻고 찬성하면 실행하겠다고 생각했다면 과연 연수를 갈 수 있었을까? 아마 힘들었을 것이다.

이 사례는 회사 전체 규모의 이야기지만 작은 미팅에서의 결정도 이와 다르지 않다. 리더가 제안하는 일을 한 번도 경험해 본 적 없는 직원에게 "이 방법이 좋아!"라고 말하기만 해서는 직원이 그 일의 장점을 금방 이해하고 실행에 동의해주기란 어렵다. 하물며 '잘 모르는 일, 새로운 일, 노력과 에너지가 많이 들어가는 일'에 도전하기란 누구에게나 조심스럽기 마련이다.

모두 그렇다. 자신이 좋다고 생각하는 도전 이외의 위험은 피하고 싶어 한다. 물론 리더는 자신이 하고자 하는 일의 매력을 전달하기 위해서 직원들과의 신뢰 관계를 구축하고 발표 능력을 키워야 한다. 하지만 결론적으로 직원들의 동의를 얻지 못하더라도 리더로서 '반드시 성과가 나올 법한 일'이라고 판단한다면 실행을 결정해야 한다.

처음 해보는 일이라도 '일단 한번 해 보자!'라는 조직 문화를 만들자. 그리고 '모두가 협력해주어서 그 일이 잘되었다'라는 작지만 성공적이었던 경험을 조금씩 쌓아가자.

내 의견이 아닌 직원들의 의견을 선택하는 것도 중요하다

반대로 제안이나 아이디어는 많이 나왔는데 '마음에 드는 의견이 없다', '이대로는 결정할 수 없다'고 생각하는 리더도 있다.

원인은 '질문의 질이 나빴던 탓에 직원들도 의견의 방향을 잘못 잡은 경우'와 '리더의 시야가 좁아서 자신의 의견만이 가장 좋다고 굳게 믿는 경우', 그리고 '현장의 상황을 제대로 이해하지 못한(생각의 괴리) 경우'가 있다. 조직으로서 후자의 원인들은 문제가 꽤 크다.

이러한 스타일의 리더는 '벌거벗은 임금님'이 되기 쉽다. 굳이 모든 직원을 불러 모아 아이디어와 의견을 묻고는 결국 '자기가 하고 싶은 일을 밀어붙인다면' 미팅을 할 이유가 없다. 차라리 처음부터 지시를 내리는 편이 빠르다.

제안을 선택할 때는 '팀의 일 2~3개 중 반드시 1개는 직원이

낸 제안으로 선택하기'를 추천한다. '일단 한번 해보자'라는 생각
은 리더 자신도 염두에 두어야 할 사항이다.

　직원의 의견을 선택하여 성공시킨 경험이 쌓이면 자신의 사고
의 폭도 넓어지고, 직원들의 제안을 받아서 실행해 나가는 기술도
점점 쌓인다.

'결정할 때' 중요한 사항은?

직원들이 찬성하지
않더라도 때로는
도전해볼 필요가 있다

모두가 싫어하지만
분명히 효과가
있을 것이다

내 의견이 아닌
직원들의 의견을
선택하는 것도 중요하다

처음 하는 일이지만
'일단 한번 해보자!'라는
조직 문화가 생긴다

'일단 한번 해보자'라는 사고방식은
직원에게도, 리더에게도 꼭 필요하다

3 실행하는 관리자를 결정한다

실행자가 아니라 관리자를 정한다

'어떤 제안을 선택해서 실행에 옮길까?'를 결정할 때 '누구에게 관리자를 맡길까?'도 정해야 한다.

나는 이른바 담당자를 결정할 때 '담당자'라는 표현은 쓰지 않는다. '관리자'라고 부른다. 내가 말하는 '관리자'의 정의는 '전부 자기가 해야만 하는 사람'이라는 실행자를 의미하지 않는다. '계획대로 실행되도록 관리 감독 하는 사람'을 뜻한다.

즉 자기 자신이 실행자로서 직접 일을 해도 좋고 다른 사람에게 의뢰해서 일을 실행할 때 도움을 받아도 좋다. 다시 말해 계획대로 일이 진행될 수 있도록 관리하는 것이 관리자의 중요한 역할이다. 우선은 지원자를 받고(자기 추천), 다음에는 다른 사람들의 추천(리더가 지명)을 받는다.

① "결정된 각각의 안건에 대해 주체적으로 관리하고 싶은 사람은?" 하고 일단 확인한다.
② 지원자가 없다면(혹은 부족하다면) 리더가 관리자를 지명한다.

직원들이 주체적으로 움직여주기를 바라는 리더는 이렇게 생각할지도 모르겠다. '내가 지명하지 않고 직원들이 어떤 안건을 관리하고 싶은지 직접 손을 들어줬으면 좋겠다'고 말이다.

하지만 경험상 정해진 안건에 대해, 그리고 필요한 인원수에 대해 직원들이 주체적으로 손을 들어서 담당자가 균등하게 돌아가는 경우는 거의 없다. 한 번도 해본 적 없는 일이거나 바쁜 시기에는 '새로운 일을 맡는 것'에 신중해지기 때문이다. 그렇다고 지원자를 마냥 기다릴 시간도 없다.

따라서 지원자가 없을 경우 리더는 결정된 안건을 고려해서 관리자를 결정하고 일을 맡겨야 한다.

'개인의 적성을 생각했을 때 누구에게 어떤 계획을 맡기면 효과적일까?'

'현재 맡은 일을 고려했을 때 한 사람에게 일이 몰리지 않도록 하려면 어떻게 나눠야 할까?'

관리자를 정하고 일을 맡기는 과정은 되도록 빨리 진행해야 한다.

제안자에게 일을 시킨다는 단순한 사고방식은 버려라

관리자를 결정할 때 흔히 저지르는 실수가 있다. 미팅에서 누군가가 좋은 아이디어를 냈다고 하자. 리더는 "그거 좋은 생각인데" 하고 반기며 아이디어를 낸 직원에게 일을 맡기는 편이 분명 가장 좋으리라 생각한다. 그래서 "그럼 그 일을 좀 맡아 주겠어?" 하고 아이디어를 낸 직원에게 일을 의뢰한다.

또는 여러 제안 중에서 어떤 직원이 낸 아이디어로 의견이 모이면서 그 아이디어가 최종적으로 결정되었다고 하자. "아이디어를 낸 본인이 가장 잘 알고 있을 테니까"라는 이유로 관리자도 그 사람에게 맡긴다.

그런데 이와 같은 일이 자꾸 반복되면 어떻게 될까? '점점 아무도 의견을 내지 않게' 될 것이다.

당연하지 않은가? 제안을 할 때마다(내 제안이 선택될 때마다) 자기한테 일이 생긴다. 결국 자꾸 자신만 일이 늘어나는 셈이다.

따라서 '관리자'를 정할 때 꼭 염두에 두어야 할 점이 있다. '제안을 한 사람에게 일을 맡긴다'는 알게 모르게 형성된 암묵적인 법칙을 깨야 한다는 점이다.

이를 위해서는 '관리자를 2명으로 한다'거나 '제안을 낸 사람이 아니라 다른 적임자에게 관리자를 맡기는' 방법이 있다. '하나의 안건 안에서 실행해야 할 일들이 너무 많고, 혼자서 그 부담을 다 지기 힘든 경우'도 마찬가지다.

"관리자를 2명으로 하면 책임 소재가 불분명해져서 직원들의 책임감이 없어지지 않을까요?"와 같은 걱정은 하지 않아도 된다. 1명에게 일을 맡겼을 때 실행력이 올라간 경우를 나는 그다지 경험해 본 적이 없다.

오히려 '일이 진행되고 있는지 아닌지', '중지됐다면 무슨 원인으로 중지되었는지'에 대해 관리자 본인도 말하지 않고 리더인 나도 파악할 수 없어서 아까운 시간만 허비하는 경우가 대부분이었다.

관리자를 2명으로 정하면 1명이 일을 진행하기 힘든 상황일 때 다른 1명이 일을 해나갈 수 있다. 또한 관리자 1명이 일에 여유가 없을 때 다른 1명이 이 점을 파악하고 문제 상황을 리더에게 보고할 수도 있다. 나 혼자 하는 일이라면 게으름을 피울 수도 있지만 2명이 함께 하면 다른 사람에게 폐를 끼치면 안 된다는 생각에 더 열심히 할 수도 있다.

1명이 일을 맡으면 바쁠 때 누구에게 도움을 청해야 할지 몰라 당황한다. 관리자가 2명이면 문제 상황에서 누구에게 얘기하면 좋을지 서로 상의할 수 있는 등 이점이 훨씬 많다. 실제 일의 실행력을 비교해보아도 관리자가 2명일 때가 효과가 더 컸다.

단, 관리자가 3명 혹은 4명이 되면 오히려 역효과가 나서 실행력이 떨어진다.

결정한 이유를 설명하면 일에 대한 이해도가 올라간다

결정한 사항에 대해 리더는 마지막에 설명을 해야 한다.

결정한 다음에는 계획을 세우고 모두 함께 일을 분담해서 제대로 실행할 수 있도록 도와야 하는데, 이를 위해서는 리더의 설명이 필요하다. 설명하는 데에 긴 시간을 들일 필요는 없지만 절대지나쳐서는 안 된다.

직원들이 제안해준 많은 아이디어 중에서 '왜 이 제안을 선택했는지', '누가 관리자를 맡았으면 좋겠는지', '어떤 식으로(최종 목표나 실행 기간) 진행했으면 좋겠는지'를 설명해서 '일에 대한 이해도를 높이고 거리감을 줄여서 리더와 직원들의 생각의 차이'를 좁혀야 한다.

어느 누구도 지금 자신이 다니는 회사를 나쁘게 말하고 싶지는 않다. 하지만 실제로는 서로 이해가 부족한 탓에 "도대체 우리 회사는 왜 이런지 모르겠어!"라고 부정적으로 말하는 경우가 많다.

지위의 차이, 경력(지식, 경험)의 차이, 근무 연도의 차이, 세대 차이, 성별 차이, 가치관 차이 등 다양한 이유로 '일에 대한 이해도는 떨어지고 리더와 직원들의 생각의 차이'는 더 벌어진다.

"나는 좋다고 생각하지 않는데 왜 리더는 이 안건을 선택했을까?"라는 직원들의 의문에 대해 리더가 설명해주면 일에 대한 직원들의 이해도가 올라간다. 이것은 인재 육성의 관점에서도 매우 중요한 부분이다.

성과가 나오는 결정을 할 때의 포인트

포스트잇에 쓴
제안과 아이디어는
'시각화'해야 결정하기 쉽다

'선택과 집중'을 통해
실행력을 올린다

혁신적인 도전도
필요하다면 직원들의
동의 없이 결정하자

'실행자'가 아니라
'관리자'를 정하자

단순히 제안한 사람에게
관리자를 맡겨서는 안 된다

리더가 결정한 내용은
반드시 설명해서 이해도를
높이자

일을 실행하는 사람은
'담당자'라고 부르지 말고 '관리자'라고 부르자.
즉 '계획대로 실행되도록 관리 감독하는 사람'이다.

강한 조직을 만드는 다섯 가지 규칙

합의하고 서포트해주면 조직은 강해진다

미팅뿐 아니라 평소 직장에서도 성과를 내는 팀에게는 특별한 규칙이 있다. 경영 이념을 그대로 따라야 하는 팀도 있지만 암묵적으로만 따르는 팀도 있다. 조직력이 강한 팀이 지니는 특별한 '규칙'을 미팅에 적용하면 어떤 조직이든 큰 성과를 거둘 수 있다.

지금부터 그 특별한 '규칙' 다섯 가지를 소개하겠다.

먼저 '한번 결정하면 일단 해보자. 그리고 결정된 일을 성공시킬 수 있도록 모두가 돕자'라는 규칙이다.

자신이 낸 제안이 선택되지 않고 다른 좋지 않은(혹은 그렇게 믿는) 제안이 선택되는 경우도 있다. 그럴 때 마음속으로 '이제 난 몰라! 잘 될 리가 없어!'라며 토라지는 사람이 있다. 혹은 미팅이 끝나고 자리에 돌아와서는 후배에게 나쁜 말을 하는 사람도 있다.

또 '어디 한번 잘 되나 두고 보자!'라며 반대는 하지 않더라도 협력도 하지 않는 사람도 있다. 남의 일로 생각하는 것이다.

이런 직원이 많은 조직은 결코 성공할 수 없다. 100% 옳은 정답이란 없다. 성공하느냐 하지 못하느냐는 '집중해서 최선을 다해 실행했는가?'에 달려 있다. 이를 위해서는 미팅 후 반대 의견을 지닌 사람들의 말과 행동이 중요하다.

"처음에는 어려울 거라 생각했지만 모두 함께 정했으니까 나도 성공할 수 있도록 노력할게. 다들 바쁘겠지만 고객을 위해서 협력해 줘!"라고 후배나 주변 사람들에게 이야기하는 직원이 많은 회사는 어떤 일을 하든 성공한다.

프로 스포츠팀 세계에서도 마찬가지다. 가령 감독이 마음에 들지 않는 작전을 세울지라도 모든 선수는 그 작전이 성공할 수 있도록 최선을 다해야 한다. '작전이 마음에 들지 않아서 경기에 참여하고 싶지 않아'라며 토라지는 선수는 없다.

비즈니스 조직도 마찬가지다. "정해졌으니까 모두 함께 노력해서 성공할 수 있도록 일단 한번 해보자!" 이것이 강한 조직을 만드는 첫 번째 규칙이다.

다른 사람이 실패하면 자신에게도 책임이 있다

다음은 '내가 아닌 다른 사람의 실행력 부족으로 일을 실패하더라도 도와주지 못한 나에게도 책임은 있다'라고 생각하는 규칙이다.

비즈니스는 대부분 팀으로 움직인다. 같은 팀인 이상 반드시 이런저런 커뮤니케이션을 해야 한다. 팀원들끼리 커뮤니케이션이 잘 되지 않을 때 미팅은 효과적인 커뮤니케이션을 돕는 수단이다.

커뮤니케이션이 잘 되지 않으면 "저쪽 팀 잘못이다", "저 사람이 잘못해서 실패했다"는 이야기가 많아진다. 자신에게는 잘못이 없다고 말이다.

그러나 타인에게 책임을 돌리기만 해서는 아무리 시간이 지나도 성공과는 멀어진다. 제안 내용이나 아이디어, 결정이 잘못된 것이 아니라 '생각하고 행동하는 방식'이 잘못된 것이다.

앞에서와 마찬가지로 프로 축구팀에 비유하자면 경기에서 진 후에 하는 인터뷰만 봐도 그 팀의 사고방식을 알 수 있다.

"감독의 작전이 잘못돼서 졌다! 우리는 잘못한 것이 없다!"

"공격진이 형편없어서 졌다. 우리의 수비는 나쁘지 않았다."

이처럼 말하는 선수는 없다. 가령 골키퍼의 실수로 경기에서 졌더라도 "우리 공격진이 점수를 따 놓았다면 지지 않았을 것이다. 우리 잘못이다"라고 말한다.

비즈니스 조직도 마찬가지다. '실패했을 때는 나에게도 책임이 있으며', '앞으로 어떻게 방향을 수정할지', '내가 할 수 있는 일은 무엇인지'를 생각하고 행동하는 일이 가장 중요하다.

부정적인 면을 말할 때는 반드시 '개선안'을 덧붙이자

15분 미팅에서는 조직이 앞으로 나가기 위해서 '부정적인 측면을 말할 때는 반드시 개선안을 덧붙여야 한다'라는 규칙이 있다.

부정적인 의견에는 꼭 개선안을 덧붙여야 한다. 즉 '단순히 부정적인 측면만을 말하는 것은 바람직하지 않다'는 뜻이다.

"개선안이 없다면 그 일에 대해 부정적으로 말할 수 없나요?"

"그러면 부정적인 이야기를 아예 못하지 않을까요?"

이런 질문을 받는다. 결론부터 말하자면 '그렇다'이다.

예를 들어 보자.

A씨 : 1번 방법은 □□한 문제가 있어서 하지 않는 편이 좋습니다.

B씨 : 그럼 2번 방법으로 진행하면 어떨까요?

A씨 : 아니요. 2번 방법은 △△한 문제가 숨어 있어서 어려울 것 같아요.

B씨 : 그럼 3번 방법으로 결정해야겠네요. 그것밖에 없으니.

A씨 : 음. 3번 방법은 W사에서 이미 했다가 실패한 방법이에요.

이와 같이 부정적인 의견만을 늘어놓는다면 조직이 앞으로 나아갈 수가 없다. '부정적이라고 생각하는 방법'을 선택해서 실행하면 결국 '현상 유지'밖에 되지 못하기 때문이다.

15분 미팅은 짧은 시간 동안 미래를 창조하는 미팅이다. 더 높은 단계로 올라가기 위해 눈앞의 문제를 기회로 바꾸어 성장을 꿈꾸려는데 '제안은 하지 않고 단순히 부정적인 측면만 지적'한다면 이는 그저 일을 가로막는 브레이크로 작용할 뿐이다.

하물며 지금 우리는 세계 평화나 정당 정책과 같은 어려운 논의를 하고 있지 않다. 그런 큰 주제라면 시간을 들여 논의하고 부정적인 측면을 살피기도 해야 한다.

그러나 지금 우리가 다루는 주제는 직장 안에서 일어나는 문제다. 다른 누군가가 아니라 우리가 직접 문제를 이해하고 해결해나가야 한다. 위험성을 미리 알려주는 것은 좋다. 하지만 새로운 일에는 위험이 따르는 법이다. 그럼에도 불구하고 그 안에서 어떤 방법을 선택할지가 핵심이다.

이 경우 'A 씨는 결국 새로운 일은 하고 싶지 않다'는 식으로 보일 뿐이다. '비판하기', '반대하기'란 누구라도 간단히 할 수 있다.

하지만 '개선안을 덧붙이기'는 한 단계 높은 사고방식이다. 이것이 가능한 조직이라야 '성장'할 수 있으며 동시에 '인재 육성'도 가능하다.

부정적인 측면만 꼬집으면서 상사도 직원들도 개선안은 내놓지 못한다면 그 미팅에서는 아무것도 얻을 수 없다. "어떻게 하면 좋아질까?"를 모두가 고민해야 효과적이고 의미 있는 미팅이 된다.

제안을 거부당했다면 발표 내용이 부족해서다

직원이 제안을 했는데 리더가 그 제안을 선택하지 않았다면 이는 100% 직원의 발표 내용이 부족해서다.

과거에 내가 했던 쓰라린 경험들과 클라이언트 회사들의 사례를 근거로 나는 이 점을 확실히 말할 수 있다.

미팅에서도 마찬가지다. 직원의 제안을 리더가 거부했다면 이는 제안 내용이 부족했기 때문이다.

그러나 제안을 거부당한 직원은 이 점을 알지 못한다. 당연히 기분도 좋지 않다. "모처럼 의견을 내놨더니 결국 직원들의 제안에는 귀를 기울이지 않는 거였어." 하며 투덜대거나 동료들과 술잔을 기울이며 스트레스를 풀 뿐이다. "우리 리더는 정말 아무것도 모른다니까!" 하며 말이다.

직원들이 리더를 비판할 때 주의해야 할 점이 있다. '자신의 제안 내용이 부족했다'라는 사실을 스스로 인식해야 한다는 점이다.

이렇게 설명해도 직원들은 대부분 쉽게 납득하지 못한다. 충분히 이해한다. 나 역시 젊었을 때 그랬기 때문이다. 하지만 계속 그상태로 머물러 있어서는 곤란하다. 제안을 거부당했다면 '거부당한 이유'에 대해서 리더와 제대로 대화를 나눠야 한다.

"제안 내용을 수정해서 다시 한번 제안해보면 어떨까요?"
"한번 수정할 게 아니라 여러 번 수정해서 제안해볼까요?"

"제가 아닌 다른 사람이 좀 더 매력적인 프레젠테이션으로 설득해보면 어떨까요?"

어쩌면 판단이 달라질지도 모른다. 가족으로 치자면 직원은 아이, 리더는 부모다.

어릴 때는 부모의 마음을 이해하지 못한다. 아니, 정확하게 말하면 자기 혼자 이해하고 있다고 착각한다. (물론 이렇게까지 극단적인 경우는 많지 않다.)

아이들은 자기 나름대로 정당한 이유가 있어서 '장난감을 사달라고' 조른다. 그리고는 "돈 없어", "지난번에 사줬잖아!"라고 말하며 장난감을 사주지 않는 부모가 '날 사랑하지 않는 거야', '우리 엄마 아빠는 구두쇠야'라고 마음대로 착각하며 주변 친구들에게 불평불만을 늘어놓는다.

이러한 행동은 '제안을 거부당했다고 일방적으로 투덜대며 주변 동료들에게 불만을 늘어놓는 직원들'의 모습과 다를 바 없다.

리더는 직원들보다 넓은 시각으로 사안을 바라본다. 그러므로 '제안을 거부한 리더가 나쁘고 어리석다'며 동료들에게 불평불만을 늘어놓아서는 안 된다. 분명히 '제안을 선택하지 않은 이유'가 있을 것이다. 제안을 거부당했다면 거부한 이유가 있음을 인식하고 어떻게 수정하면 좋을지에 집중해야 한다. 그래야 개인적으로도 성장하며 조직에도 좋은 영향을 미칠 수 있다.

반대로 리더는 리더로서의 '그릇'을 갖춰야 한다.

물론 완벽한 리더는 없다. 하지만 조직에서는 기본적으로 리더의 판단이 옳다는 믿음과 원칙이 있어야 한다. 이를 위해 리더는 부단히 노력해야 한다. 리더의 판단에 대한 원칙과 믿음이 없으면 조직은 와해되기 쉽다.

직원들이 했을 때 기뻤던 행동을 나의 상사에게 하자

잠시 나의 실패담을 소개하겠다.

매년 실적이 쑥쑥 올라가던 영업부장 시절이었다. 나의 콧대는 있는 대로 높아져 있었다. 내 판단이 항상 옳다는 자신감이 있어서 현장 상황을 모르는 임원들이 나의 제안을 거절할 때면 "아무것도 모르면서……"라고 주변 동료들에게 불만을 터뜨렸다.

시간이 흐른 뒤 이번에는 내가 현장에서 떨어져 원격으로 직원들을 관리하는 입장이 되었다. 그러자 친하게 지내는 사원인 친구가 넌지시 알려주었다.

"일전에 A 씨(일반 직원)가 요즘 야모토 부장님 몰라도 너무 모른다며 현장에서 멀어지더니 감이 떨어진 거 아니냐는 이야기를 하던걸?"

나는 크게 놀랐다. 동시에 한 가지를 깨달았다.

'아, 내가 했던 행동을 마치 거울처럼 똑같이 하고 있네. 나만큼은 예외일 거라는 생각은 착각이었어.'

당시 나는 무의식적으로 이렇게 생각했다. '나는 상사의 험담을 해도 좋지만 내가 직원들에게 험담을 듣기는 싫다'고 말이다. 그야말로 모순이 아닐 수 없었다. 뒤돌아서 객관적으로 생각해보면 충분히 이해할 수 있는 일이었는데 당시에는 깨닫지 못했다.

'모순이었어. 나 역시 예외는 아니었어'라고 깨달았을 때 나는 '직원들이 마치 거울을 보듯 나처럼 똑같이 행동한다면 내가 바뀌면 직원들의 행동도 달라지지 않을까? 그렇다면 내가 직원들에게 어떤 모습을 보여주어야 할까?'라고 역설적으로 생각하기 시작했다.

그래서 나는 '직원들이 나에게 했을 때 기뻤던 행동을 내가 상사에게 하자'고 결심했다. 앞서 나온 예처럼 리더가 직원의 제안을 거절하더라도 직원은 '어떤 점이 부족했을까?'를 확인해서 필요하다면 수정해서 다시 제안해야 한다.

반대로 리더는 직원에게 '어떤 점이 부족했는지 이유를 충분히 설명하고 일단은 지금 회사의 방침대로 진행될 수 있도록 노력하고 협력해 달라'고 이야기하자.

이렇게 하면 분명히 직원들은 달라진다. 직원이 나에게 어떻게 해주면 좋은지를 생각해서 이를 나의 상사에게 실천해보자. 그러면 직원들도 그 모습을 보고 따라 한다. 이와 같은 조직문화가 정착되면 그 조직은 크게 성장할 수 있다.

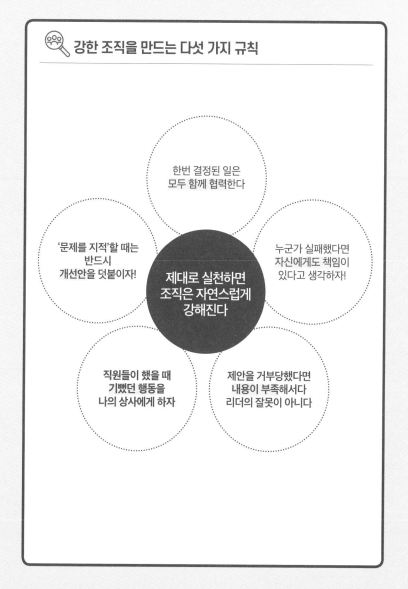

강한 조직을 만드는 다섯 가지 규칙

한번 결정된 일은
모두 함께 협력한다

'문제를 지적'할 때는
반드시
개선안을 덧붙이자!

누군가 실패했다면
자신에게도 책임이
있다고 생각하자!

제대로 실천하면
조직은 자연스럽게
강해진다

직원들이 했을 때
기뻤던 행동을
나의 상사에게 하자

제안을 거부당했다면
내용이 부족해서다
리더의 잘못이 아니다

STEP 3
결정된 사항을 반드시 실행한다

결정을 실행에 옮기기 위한
'계획 미팅'이란?

미팅에서 가장 중요한 포인트는
결정된 사항을 어떻게 '실행'하느냐다.

합의가 이루어지면 '계획' 세우기에 들어간다

실행 계획이 성공을 좌우한다

무슨 일을 해야 할지 합의가 이루어지면 실행에 옮기기 위한 계획을 세워야 한다.

합의가 이루어지더라도 직원들이 업무 현장으로 돌아가 버리면 '이후에 아무도 연락하지 않는'(진행 상황 보고를 하지 않는) 경우가 생긴다. 리더가 확인을 하면 "현장 상황이 너무 바빠서……"라는 대답만 돌아온다. 또 다음 미팅에서는 지난번 결정된 사항에 관한 이야기는 나오지 않는다. 결국 진행된 사항은 하나도 없고 실행되는 일도 하나도 없다.

많은 회사가 이렇게 '결정된 사항이 실행되지 않는' 문제에 대해 고민하고 있다. 그렇다면 왜 실행이 되지 않을까?

미팅에서는 다양한 일들이 합의를 통해 결정된다. 결정된 사항 중에서도 특히 중요한 것은 '새로운 미래를 창조하는 일'이다. 새로운 미래를 창조한다는 목적 아래 커뮤니케이션도 원활하게 이루어진다.

하지만 그러다 보니 미팅에서 결정된 사항은 '새로운 도전'인 경우가 많다. 따라서 미팅에서 결정된 새로운 도전은 '나중에 상세하게 검토하자', '시간이 있을 때 하자', '짬이 나면 하자'와 같이 일단 뒤로 미루고 미팅이 끝나면 늘 그랬듯이 각자의 자리로 돌아가 버린다.

물론 미팅을 할 당시에는 그 일이 매우 중요하다는 사실을 안다. 하지만 현장에 돌아가면 매일 해야 하는 일(루틴 워크)이 산더미같이 쌓여 있다.

현장의 제일선에서 고객을 대하는 직원은 클레임이 들어오지 않도록 '매일 해야 하는 고객 응대 일'을 최우선시한다. 제작팀처럼 뒤에서 일하는 직원이라면 '지금까지 해왔듯이 실수 없이 작업물을 만들어 납기일을 맞추는 일'이 최우선이 된다.

151

어느 팀도 인원의 여유는 없으며 모두 정해져 있는 시간 안에 매일 해야 하는 일만으로도 정신이 없다. 그러므로 새로운 도전에 착수하기란 좀처럼 쉽지가 않다.

또한 시간이 흐르면서 '결정된 사항에 새롭게 도전'하고자 하는 열기가 식는다. 그러면서 '뭘 위해서 이 일을 하는 거였지?' 하고 미팅의 대화 내용을 잊어버린다. 결국 달라지는 것은 아무것도 없다.

이런 상황이 반복되면 '아무것도 실행되지 않는 것'이 그 조직의 문화가 되어 버린다. 이래서야 왜 미팅을 하는지 알 수가 없다.

스텝 3에서는 결정된 사항이 좀처럼 실행되지 않는 고질적인 문제를 해결하기 위한 '계획 미팅'에 대해 설명하겠다. 미팅의 3단계 과정 중 가장 마지막에 해당한다.

마지막에는 반드시 '계획 미팅'을 하자

미팅이나 회의를 통해 결정된 사항이 실행되지 않는 이유는 '누가?', '무엇을 할지?'만을 결정하고 해산하기 때문이다.

따라서 마지막에는 반드시 '계획 미팅'을 해야 한다.

'계획 미팅'이란 보통 미팅이 끝나고 난 뒤 하는 실행의 첫 번

째 단계를 그 자리에서, 즉 미팅에서 즉시 결정해 현장으로 돌아
갔을 때 관리자가 짊어져야 하는 부담을 줄여주는 방법이다.

예를 들어 미팅의 주제가 '손님 모으기'였다고 하자. 그리고 결
정된 계획 중 하나가 '전시회에서 나눠줄 전단지를 만들자'였다.
전단지의 디자인은 A 씨가 맡아서 하기로 결정됐다.

하지만 직원들이 상상하는 전단지의 디자인은 천차만별이다.
게다가 디자인을 잘한다는 이유만으로 A 씨가 관리자가 됐다면,
A 씨 머릿속에 전단지에 관한 기본 이미지가 없을 경우 일이 쉽게
진척되지 않는다.

또 리더가 "일단 본인 나름대로 생각해서 샘플을 좀 보여줘"라
고 맡겨서 A 씨가 독자적으로 전단지 디자인을 해서 나름대로 작
업한 결과물을 리더에게 보여주었다고 하자.

리더 : 음 이건 좀 아닌데. 전단지 디자인은 좀 더 ○○게 해
야…….

A씨 : (마음속으로) 생각해 둔 디자인이 있었다면 처음부터 말
을 해줘야죠! 바쁜 와중에 겨우 짬을 내서 만든 건데 내 시
간만 허비했잖아요.

결국 A 씨의 의욕도 사라지고 실행 속도도 느려진다.

이와 같은 불필요한 충돌을 막고 서로서로 일에 들어가는 스트레스와 노동을 줄여야 한다. 이를 위해서는 계획 미팅을 통해 '손으로 거칠게 작업한 대략적인 레이아웃과 사진의 내용 및 크기, 주요 문구나 문자 수' 등 개인마다 생각의 차이가 클 법한 부분을 그 자리에서 확인하고 의견을 교환해서 미리 이미지를 공유해야 한다.

이렇게 하면 관리자가 혼자서 고민하는 시간을 가능한 한 많이 줄일 수 있어서 일에 착수하기가 수월해진다. 사전에 이미지를 공유했기 때문에 리더에게 확인받을 때에도 수정할 부분이 훨씬 줄어든다.

'계획 미팅'의 중요한 포인트는?

'시간이 있을 때 하자'

'나중에 상세하게 검토하자'

'짬이 날 때 하자'

미팅이나 회의에서 결정된 일이 실행되지 않는 이유는 '누가?', '무엇을 할지?' 만을 정하고 해산하기 때문!

미팅 마지막에는 반드시 '계획 미팅'을 해야 한다

 미팅의 주제 ····· 손님 모으기
결정 사항 ········ '전시회에서 나눠줄 전단지를 만들자'
관리자 ············· 'A 씨'

계획 미팅을 통해서 '손으로 작업한 대략적인 레이아웃, 사진의 내용 및 크기, 주요 문구나 문자 수' 등을 확인하고 의견을 교환해서 이미지를 공유하자.

계획 미팅에서 결정할 수 있는 사항은 그 자리에서 즉시 결정하자!

새로운 도전은 첫발을 내딛기가 가장 어렵다

수많은 미팅을 보면서 느낀 점이 있다. 바로 새로운 일에 도전할 때는 처음 한 발을 내딛기가 가장 어렵다는 사실이다. 조금씩이라도 걸어 나가면 어느 순간 속도가 붙기 시작하는데 처음에는 한 발을 움직이기조차 참 어렵다. 정체된 조직을 다시 움직이게 할 때도 처음이 가장 어렵다.

그래서 계획 미팅에서는 보통 미팅이 끝나고 난 뒤 하는 실행의 첫 번째 단계를 그 자리에서, 즉 미팅에서 즉시 결정하는 것이다. 또 이를 통해 현장에 돌아간 뒤 개개인이 짊어져야 할 부담과 불필요하게 낭비하는 노동시간을 줄일 수 있다. 이 외에도 일을 시작한 후 첫 번째 단계에서 시간이 오래 걸리는 일이 '일정 짜기와 시간 조정하기'다.

실행을 위한 첫 번째 단계로서, 미팅에 참여한 직원끼리 '이후에 자세하게 다시 상의해야' 한다고 하자. 일단은 "조금 있다가 메일로 일정을 조정하자"며 해산한다. 그러나 업무 현장에 돌아가서 일에 쫓기다 보면 메일은 내일 보내게 된다. 다음날 메일을 확인한 상대방은 바로 답장을 보내지 않고 또 그다음 날 회신을 한다. 몇 번이나 메일이 왔다 갔다 한 다음에야 10일 후에 상의하기로 겨우 일정이 잡힌다. 결국 실제로 만난 날은 미팅한 날로부터 12일이나 지나서였다.

"음, 그 미팅에서 뭘 하기로 결정했죠?"

"아, 근데 애초에 왜 이 일을 하는 거죠?"

이런 상황에 이르고 만다. 현장의 일이 우선시 되는 실무진에게는 '일정 짜기와 시간 조정하기'만으로도 이렇게 시간이 오래 걸리고 진행이 늦어진다. 또한 미팅에서 결정된 사항에 대한 기억이 점점 흐려지며 의욕도 금방 사그라진다. 마지막에는 어느 사이엔가 일에 대한 의욕이 없어져 급하게 날림으로 일을 처리해버려서 결과물이 형편없어지기도 한다.

지금 함께 있는 직원과 일에 관한 일정을 정해야 한다면 1, 2분이면 충분하다. 이를 '조금 있다가' 하자며 바로 자리로 돌아가기 때문에 이런 문제가 발생하는 것이다. 그 결과 일정 조정에 며칠이나 걸려서 실행력이 떨어져 버린다.

이를 막기 위해서는 미팅 중에 일의 첫 번째 단계를 즉시 실행에 옮겨야 한다. 결정되면 바로 움직이는 시스템이 필요하다.

마감일보다 '실행 일시'가 중요하다

'마감일을 정해두어도 실행이 잘 안 된다'는 회사도 많다. 말하자면 '할 일은 결정됐지만 실행이 되지 않는' 상태다. 실행이 되지 않는 이유를 물어보면 대부분 다음과 같이 대답한다.

"시간이 날 때 하자고 생각했는데 시간이 나질 않았어요."
"일상 업무가 바빠서 할 수가 없었어요."

다시 말해 시간이 날 때 실행할 생각이었지만 일상 업무에 쫓겨 '결정된 사항을 할 시간을 짜내지 못했다'는 뜻이다. 이때, "중요한 일이니까 어떻게든 꼭 처리해!"라고 리더가 말해도 상황은 바뀌지 않는다. 그럼 어떻게 해야 할까?

'언제까지 일을 끝낼지(마감일)'보다 '언제 그 일을 실행할지(실행 일시)'를 더 중요하게 생각해서 결정해야 한다. 아이가 공부할 때를 예로 들어보자.

'언제까지 수학 숙제를 끝낼지' 기한을 정해두기보다는 '언제 수학 숙제를 할지'라는 실행 일시를 정하는 것이 더 중요하다는 말이다. 새로운 일에 도전할 때도 마찬가지다. 좀처럼 짬이 나지 않는다면 시간을 만들어서 투자하겠다는 각오가 필요하다.

가령 '영업 성공률을 올리기 위해서 영업 상황에 대한 롤플레잉(역할 연기)을 하기로 결정'했다고 하자. "이번 달에는 3회 실시하자"고 정해도 "시간이 나면……"하겠다는 마음가짐이라면 제대로 실행되기 어렵다. 하지만 그 일이 매우 중요한 일이라면 어떨까? 우선순위를 바꿔서라도 결정된 사항을 실행할 시간을 확보하여 반드시 실시하겠다는 자세가 중요하다.

지금까지와는 다른 새로운 결과를 얻고 싶다면 지금까지 하지 않았던 새로운 결단이 필요하다. 아무리 이상론일 뿐인 계획일지라도 실행해보지 않으면 어떤 결과가 나올지 알 수 없다.

직원들이 알아서 '비어있는 시간을 찾아서 스스로 실행해 준다면' 가장 좋겠지만 아직 실행력이 약한 조직에서는 '언제 실행(작업)할지' 실행 일시를 정해서 시간을 미리 확보해두는 편이 실행력을 확실하게 올려준다.

마감일보다 '실행 일시'가 중요하다!

새로운 일에 도전할 때는
'처음 한 발'을 내딛기가 가장 어렵다

순조롭게 첫발을 떼지 못하고
실행이 되지 않는 이유는?

일을 시작할 때 가장 처음에 중요한 것이
'일정 짜기와 시간 조정하기'다.

이를 **미팅**에서 결정하자!

마감일을 정해두어도 실행이 되지 않는 조직은?

'언제까지 일을 끝낼지'라는
'마감일'보다

'언제 일을 할지'라는
'실행 일시'를 중요하게
생각해서 결정해두자

2 계획을 세울 때 지켜야 할 다섯 가지 포인트

지금 실행 일시를 정하자

지금까지 나온 이야기를 모두 모아서 계획 미팅에서 결정해야 할 포인트를 정리해보자.

실행력이 약한 회사는 처음 계획 자체에 애매한 부분이 많다. 혼자서 일하는 게 아니라 '협동'이 필요한 회사 조직에서는 계획이 애매하면 직원 개개인의 속도로 구체적인 실행이 이루어지는 경우는 절대 없다. 확실하게 결정해 두어야 할 사항을 결정해서 다음 단계로 넘어가야 한다. 즉, 한 단계 한 단계 앞으로 나가는 것이다.

161

실행력이 올라가는 계획의 다섯 가지 포인트를 소개하겠다.

① 무엇을 할 것인가?
② 누구와 누가 할 것인가?

위 두 가지 사항을 '리더가 중심이 되어 결정'하는 과정을 스텝 2에서 살펴보았다. 관리자는 2명이 이상적이다. 2명의 관리자 위에 리더가 존재한다. 이 두 가지 포인트는 스텝 2에서 설명한 그대로다. 지금부터는 나머지 세 가지 포인트에 대해서 설명하겠다. 이 부분도 매우 중요하다.

③ 언제까지 할 것인가?

관리자 2명이 결정되면 5분 동안 자신들의 스케줄을 확인해서 마감일(언제까지 할 것인가?)에 대한 계획을 관리자들끼리 정한다.

'○월 ○일까지 완성한다'
'○월 ○일부터 새로운 방법을 시작한다'

위와 같이 구체적인 시작일과 필요한 시간을 관리자들끼리 확인해서 정확한 마감일(일시)을 제안하도록 한다. 사실 이 '일정에 관한 계획'이 계획의 핵심이기도 하다. 일정이 불확실하면 리더와 직원들의 생각에 차이가 생긴다.

리더 : 가능한 한 빨리 부탁할게. (빨리해달라고 했으니 2일 정도 안에 하겠지)

직원 : 가능한 빨리하도록 하겠습니다. (요즘 바쁘다는 거 알고 계실 테니 4일 안에 하면 충분하겠지)

그 결과 2~3일이 지나도 아무런 소식이 없다.

리더 : (조급해하며) 지난번 그 일은 어떻게 됐지?

직원 : (악의 없이) 내일이면 끝날 것 같습니다.

결국 이 직원은 리더에게 '일 처리가 느리다'는 낙인이 찍혀버린다. 직장에서 흔히 일어나는 이와 같은 오해를 없애기 위해서 서로의 인식을 공유하려면 반드시 구체적인 마감일을 설정해야 한다.

'○월 초까지'라든지 '○월 중순까지' 등의 애매한 표현도 안 된다. '○월 ○일'이라고 분명하게 날짜를 잡아두자.

④ 언제, 어떤 순서로 진행할 것인가? (실행 일시)

'언제까지' 일을 끝낼지 마감일을 정하는 것보다 더 중요한 사항이 앞쪽에서 설명한 '실행 일시'를 결정하는 일이다. 일정을 결정하기가 쉽지 않을 때는 ③번과 ④번의 순서를 바꿔서 해도 좋다.

'어떤 순서로 일을 진행할 것인가?'

'언제 일을 실행할 것인가?'

예를 들어 5월 9일인 오늘 미팅에서 "A 씨와 B 씨가 협력해서(관리자) Y 씨의 영업 상황에 대한 롤플레잉을 5월 31일까지 3회 실시하기"로 결정했다고 하자. '실행 일시'를 정하자면 다음과 같다.

1. 5월 10일까지 B 선배의 롤플레잉 모습을 동영상으로 촬영한다

2. 그 내용을 공부해서 5월 18일 17시에 첫 번째 롤플레잉을 실시한

다 (A 씨 확인)

3. 두 번째 롤플레잉은 5월 25일 17시에 실시한다 (B 씨 확인)

4. 세 번째 롤플레잉은 5월 31일 16시에 실시한다 (B 씨 확인)

이때 첫 번째 포인트는 '일의 순서를 공유하는 것'이다. 두 번째 포인트는 '그 자리에서 결정할 수 있는 일은 가능한 한 결정해 둘 것'이다. 흔히 하는 실수인 "상세한 스케줄은 나중에 다시 이야기하자"는 피하자. 되도록 업무 현장에는 숙제를 가지고 가지 않도록 해야 한다. 세 번째 포인트는 '가능한 그 자리에서 스케줄을 정하고 서로 스케줄을 확인하는 것'이다. '시간이 나면', '짬이 날 때'와 같이 스케줄을 애매하게 정하지 말자.

물론 이때 롤플레잉 대상자인 Y 씨가 자리에 없어서 Y 씨의 업무 스케줄을 알지 못한다면 어쩔 수 없이 '나중에 확인해야 하는' 경우도 생긴다. 하지만 Y 씨의 업무 스케줄을 알 방법이 있다면 '가안'이라도 좋으니 꼭 일정을 정해두자. 아무것도 정하지 않는 것이 가장 나쁘다.

실행 일시를 확실하게 정해두면 '각 직원이 해야 할 일이 명확해지고 현장에 돌아간 뒤 들여야 하는 수고를 덜 수 있어서' 실행

165

력이 올라가는 첫걸음으로 이어진다.

또 실행력이 높은 조직에는 공통점이 있다. 일의 첫 번째 단계를 미팅 당일로부터 3일 이내에 하는 조직은 틀림없이 실행력이 높다. 앞서 나온 롤플레잉의 예를 들어보면 '5월 9일에 미팅을 해서 일의 첫 번째 단계인 동영상 촬영은 바로 다음 날인 10일'로 설정했다.

경험상 일의 첫 번째 단계를 미팅 당일로부터 3일 이내에 실행하지 않는(일을 뒤로 미루는) 조직은 실행력이 약하다. 핵심은 '일의 첫 번째 단계를 미팅 후 3일 이내에 하는 것'이다. 꼭 시험해 보길 바란다.

계획의 목적이 무엇인지 공유하기

'무엇을 할까'로 시작해서 '언제 할까'까지 총 4단계를 결정했다. 실행력이 높아지는 계획을 세울 때 마지막으로 중요한 사항은 다음과 같다.

⑤ 이 일을 하는 '진짜 목적'이 무엇인지 직원들과 공유하기

이것이 계획을 세울 때 지켜야 할 다섯 번째 포인트다.

'애초에 어떤 목적으로 이 계획을 세웠는가?'

'이 일이 끝나면 어떻게 되어야 성공적인가?'

이 점을 설정하고 공유해 두면 일을 실행할 때 훨씬 효과적이다. 목적과 수단을 바꿔 생각하면 성과로 연결되지 않는다. 그런데 '뭐가 목적인지' 헷갈릴 때가 자주 있다.

앞서 언급한 영업 롤플레잉을 예로 들어 설명해보겠다. 여기서 목적은 'Y 씨의 6월 영업 성공률을 50% 넘기기(현재 35%)'이다. 이를 위한 수단으로 '동영상 촬영' 및 '롤플레잉 3회'를 실시하는 것이다. 다시 말해 '동영상 촬영'과 '롤플레잉 3회'는 목적이 아니다.

이와 같은 목적을 공유해 두지 않으면 어느 사이엔가 '롤플레잉 3회 실시'가 목적이 되어 버린다. 그 결과 직원들은 "롤플레잉을 3회 실시하였으므로 일이 끝났습니다"라고 보고한다.

그래서 리더는 "그래서 성과는 나왔어?"라고 재차 질문하게 된다. 롤플레잉을 3회 실시하였더라도 Y 씨의 영업 성공률이 올라가지 않으면 목적은 달성하지 못한 것이다.

그렇다면 롤플레잉의 횟수를 늘려야 할까? 아니면 또 다른 방법을 써서 Y 씨의 성장을 재촉해야 할까? 영업 성공률 상승이란

167

목적을 이룰 때까지 도전을 반복해야 확실한 성과가 나온다.

또 다른 예를 살펴보자. 레스토랑에서 미팅을 하는데 주제는 '손님 모으기'다.

'레스토랑 근처에 전단지 1000장 뿌리기'라는 결정이 내려졌다. 여기서 목적은 전단지를 보고 손님 20팀이 레스토랑에 오는 것이다. 이 경우 '전단지 1000장 뿌리기'가 목적이 아니라 나눠진 전단지를 보고 '20팀의 손님이 오는 것'이 목적이다. 이처럼 목적을 명확하게 설정해두면 일을 하는 의미를 깨달아서 전단지를 나눠주는 일에 더 열심히 임한다.

즉, '조금이라도 레스토랑에 방문할 확률이 있는 집 우편함에 전단지를 넣는 등' 전단지를 나눠주는 직원들도 여러 가지 생각을 하며 일한다. 결국 일의 '질'이 올라가는 셈이다.

목적을 명확하게 설정해두지 않으면 어떤 일이 생길까? 같은 집 우편함에 전단지를 몇 장 겹쳐서 넣는다든지, 거리에서 전단지를 나눠줄 때도 억지로 하는 모습이 역력하게 드러나 버린다. '아 정말 하기 싫은 모양이군' 하고 지나가는 사람이 느낄 정도로 마치 내던지듯 전단지를 나눠주는 사람도 있다.

그런 사람들은 대부분 전단지를 나눠주는 일 자체가 목적이 되어버렸기 때문이다. 결국 진짜 목적과는 크게 동떨어져 버린다. 이런 직원은 주위 사람들에게 악영향을 미치며 오히려 가만히 있는 편이 낫다는 이야기를 듣기도 한다. 이와 같이 목적을 명확하게 설정해두면 수단에 임하는 자세가 달라진다.

계획을 세울 때 지켜야 할 다섯 가지 포인트

1 **무엇**을 할 것인가?

2 **누구**와 **누가** 할 것인가?

3 **언제, 어떤 순서로** 진행할 것인가? (실행 일시)

4 **언제**까지 할 것인가?

5 이 일을 하는 '**진짜 목적**'을 직원들과 공유한다

▶ '무엇을 할 것인가?', '누구와 누가 할 것인가?'는 리더가 중심이 되어 결정한다.

▶ '마감일', '어떤 순서로 할 것인가(실행 일시)', '목적'은 관리자가 제안한다.

3 계획을 모두 함께 확인한다

마지막으로 모두가 함께 계획 확인하기

관리자끼리 이야기해서 다섯 가지 포인트를 결정하면 마지막에는 리더를 포함한 모든 직원 앞에서 계획에 관해 발표한 뒤 내용을 서로 확인한다. 나는 이 단계를 '선언하기'라고 부른다.

보통은 '마감일'이나 '일의 순서'를 리더가 일방적으로 정해서 밀어붙이는 경우가 흔하지만 15분 미팅에서는 직원들이 스스로 정하고 제안한다. 당연한 말이지만 스스로 정해서 선언하는 쪽이 실행력도 높다.

스케줄은 어디까지나 관리자들끼리 상의해서 정해야 한다. 따라서 발표를 들은 뒤 리더는 요구 사항이 있다면 관리자에게 요청해야 한다. 가령 "마감일을 1주일 정도 앞당겼으면 좋겠어. 왜냐하면 지금 우리 팀에게 이 계획은 제일 중요한 일이니까"라는 식으로 말이다.

리더는 요구 사항이 있으면 요청하고, 관리자는 이에 응한다

요청을 받은 관리자는 리더의 의사를 이해한 뒤 그 자리에서 요청 사항을 검토해야 한다. 가능한지, 불가능한지 검토하고 요청 사항을 그대로 이행하기 힘들다면 '가능한 방법'을 찾아서 제안해야 한다. 예를 들면 "○○일을 일시적으로라도 다른 사람이 도와준다면 가능합니다"와 같은 식으로 제안한다.

'이 계획을 실행하는 일이 우리 팀에게 얼마나 중요한가? 최우선 순위는 무엇인가?'

이러한 가치관(기준)은 사람마다, 입장에 따라 다르다. 그러므로 모두가 있는 자리에서 서로 이야기해서 팀의 가치관(기준)과 우선순위를 맞춰두어야 한다.

세운 계획을 모두 함께 확인한다

계획을 세울 때
지켜야 할
다섯 가지 포인트가
결정되면?

관리자가 발표해서
리더를 포함한
모든 직원과 함께 내용을
'확인한다'

≫

이를 '선언하기'라고 부른다

≫

요청을 받은 관리자는
그 자리에서
요청 사항을 검토한다

≪

선언을 들은 후 리더는
요구 사항이 있으면
요청한다

**자신들이 정한 일을 선언(모두 앞에서 발표)하면
'스스로 실행하고자 하는' 주체성이 생긴다**

STEP 4

방향 수정
미팅이
꼭 필요하다

15분 미팅 후 수시로
'일이 잘되고 있는지' 확인해야 한다

'15분 미팅' + '방향 수정 미팅'으로
확실하게 성과를 낸다.

강한 조직에는
'방향 수정력'이 있다

'15분'만으로는 일이 방치될 수 있다?

지금까지 스텝 1~3을 통해 '15분 미팅'의 포인트와 '과정'을 설명했다. 스텝 1~3을 각각 5분씩 잡으면 미팅은 15분 안에 끝난다.

하지만 명심해야 할 사항은 '15분'이 목적은 아니라는 점이다.

프롤로그에서 강조했듯이 미팅 시간은 15분보다 일찍 끝나도 좋고 1시간 이상으로 길어져도 상관없다. 말하자면 지금까지 설명해온 미팅의 포인트만 잘 따라준다면 '시간'은 아무래도 좋다는 뜻이다.

강조하고 싶었던 점은 현장 직원들이 재빨리 모여서 적극적으로 문제 해결을 하는 '문화'를 만드는 것이었다. 실제로 나는 다양한 클라이언트 회사에서 많은 참가자와 30분 이상씩 여러 번 미팅을 한다. 하지만 2~3명이 하는 간단한 안건이라면 15분만으로도 충분하다는 점을 꼭 말하고 싶었다.

덧붙여 유명무실해진 회의의 무의미함도 강조하고 싶었다. 스텝 3에서 실행 일시를 정하고 모든 직원 앞에서 선언하는 방법까지 설명했다. 이로써 '15분 미팅'의 진행 방법은 충분히 이해했으리라 생각한다.

하지만 현실적으로 '15분'은 확실히 짧다. 커뮤니케이션을 원활하게 만들어주는 일상 대화라면 15분만으로도 충분하겠지만 무언가를 '실행해서 성과를 내야 한다'면 '15분'만으로는 부족할 수 있다.

- 결정 사항이 실행되지 않는다
- 한 번은 했지만 그걸로 끝이었다. 그다음부터는 중단된 상태다
- 순서대로 진행했는데도 원래 계획보다 한참 늦어졌다
- 해보긴 했지만 의외로 난이도가 높아서 기대했던 효과는 얻지 못했다

- 당초 예상보다 비용이 많이 들었다

일을 진행하다 보면 이러한 문제가 반드시 일어난다.

이럴 때 성과가 나오는 조직과 나오지 않는 조직의 차이가 생긴다. 바로 '방향 수정력'의 차이다.

계획대로 되지 않을 때는 곧바로 수정하자

'방향 수정력'이란 말하자면 자동차의 '내비게이션'과 같다.

내비게이션은 목적지를 설정해두면 정해진 길에서 벗어나더라도 금방 경로를 수정해서 새롭게 길을 안내해준다. 이처럼 목적을 달성할 때까지 끊임없이 방법을 바꿔서 계속 일을 실행해 나가는 힘이 바로 '방향 수정력'이다. 방향 수정을 반복하면 압도적인 성과를 얻을 수 있다.

실제로 매우 좋은 계획을 세웠다고 생각했는데 막상 실행해보니 생각대로 되지 않을 때가 있다. 아니, 계획하고 실행하는 데 익숙하지 않은 조직이라면 처음에는 예상한 대로 되지 않을 때가 더 많다.

하지만 한번 정한 일이 잘 되지 않는다고 해서 곧바로 일을 중지해서는 아무리 시간이 지나도 발전이 없으며 목적 달성도 할 수 없다. 일이 잘 되지 않는다면 바로 방향 수정을 하자. 그래서 스텝 1에서 언급했지만 되도록 많은 아이디어와 제안을 모아야 하는 것이다. 결정된 사안이 효과적이지 않다면 미팅에서 나왔던 다른 제안 중에서 새로운 안을 선택하면 된다.

등산을 한번 떠올려보자. 정상을 목표로 계획을 세운다. 정상에 오르는 방법은 여러 가지가 있다. 그중에서 지금 생각했을 때 가장 좋다고 생각하는 방법을 선택해서 준비한 다음 산에 오르기 시작한다. 그러나 길이 막혀 있다는 등의 이유로 계획대로 일이 진행되지 않는 경우가 생긴다. 이럴 때는 다른 방법을 다시 선택해서 정상에 올라가야 한다.

그래서 '방향 수정 미팅'이 반드시 필요하다. 이른바 미팅의 마무리이자 확인이다. 지금부터 구체적인 방법을 소개하겠다.

2 결정 사항을 '시각화'하면 좋은 점

미팅에서 결정된 사항 '공유'하기

"지난 미팅 때 어떻게 하기로 결정했지?"라는 상황을 막으려면 잊어버리기 전에 공유하고 현상을 파악하기 위해 결정된 사항을 보고서 형태로 '시각화'하기를 추천한다. 클라이언트 회사에서는 업종에 따라 자사에 맞게끔 양식을 수정하여 사용하고 있는데 여기서는 가장 간단한 양식을 소개하겠다.

다음은 한 클라이언트 회사(사진관)에서 사용하는 진행 보고서 양식이다.

방향 수정 미팅(액션 플랜)의 포인트

프로젝트 명 (　　　　　) 5월 26일 방향 수정 미팅

무엇을	누구와	마감일		[목적(혹은 목표 수치)] 완료했다면 [실적]
	누가	from	to	
직원 Y 씨의 영업 성공률 올리기	아베 사카노	5월 1일	6월 1일	6월 5일부터 성공률 목표 50%
① 선배 직원의 롤플레잉 동영상 촬영	아베 사카노		완료	사카노의 롤플레잉 5월 10일에 촬영 완료
② 선배가 동행하여 롤플레잉 연습 3회 실시	아베 사카노	5월 11일	5월 31일	5/18 17시 완료, 5/25 17시 완료 5/31 16시 예정
③ 가와이 점장에게 최종 확인 받기	아베 가와이		6월 1일	

무엇을	누구와	마감일		[목적(혹은 목표 수치)] 완료했다면 실적
	누가	from	to	
아르바이트 B 씨의 접수 업무 교육	나카이 야마시타	2월 1일	완료	[목표] 4월부터 혼자 접수 가능하도록 [실적] 4/10부터 혼자 대응하는 데 문제 없음
① 매뉴얼을 전달해서 읽게 하기	나카이 야마시타		완료	
② 나카이 씨와 1개월간 OJT	나카이 야마시타		완료	(나카이 씨 휴일에는 야마시타 씨와)

무엇을	누구와	마감일		[목적(혹은 목표 수치)] 완료했다면 실적
	누가	from	to	
창고 청소	스즈키 다나카	4월 1일	5월 28일	뒤쪽 계단에 놓인 짐을 전부 수납 가능하게
① 4/23일 정기 휴일에 청소 및 짐 나르기	스즈키 다나카		5월 28일	4/23 청소는 했으나 비가 와서 짐 나르기는 중단. 5/28 정기 휴일에 하기로 함

규정이 엄격한 회사에서는 엑셀이나 넘버스와 같은 컴퓨터 소프트웨어로 작성해서 회사 공유 폴더에 올려 서로 파악하도록 한다. 혹은 스마트폰 애플리케이션을 활용해서 직원들끼리만 공유하는 등 회사의 문화에 맞춰 공유 방법을 정해서 '시각화'하면 된다.

우선 기본적으로 결정한 내용인 '무엇을'을 적는다. 앞쪽 표를 예로 살펴보면 '직원 Y 씨의~', '아르바이트 B 씨의~', '창고 청소'가 기본 계획이다. 그 옆에는 '관리자(누구와 누가)', '마감일(언제까지 할 것인가)', '목적(혹은 목표)'을 입력한다.

그리고 그 밑에 입력한 ①~③번이 '언제, 어떤 순서로 진행할 것인가?'인 '실행 일시'에 해당한다. ①~③번에서 제일 뒤 '목적'에 해당하는 칸은 처음에는 비워두었다가 일이 실행되면 진행 상황을 기재한다.

진행 상황을 기록하면 회사의 재산이 된다

진행 보고서로 내용을 '시각화'하면 얻을 수 있는 이점이 하나 더 있다. 실행이 끝나고 결과가 나오면 '목적' 칸에 결과를 명시하는데 이는 그 해에 '조직에서 실행한 일의 기록'이 된다는 점이다.

도중에 리더가 바뀌거나 전년도의 활동 내용을 알고 싶을 때 어느 시기에 어떤 일을 했는지 이미 기록되어 있으므로 앞으로 일을 하는 데 참고할 수 있다.

직원들이 전혀 바뀌지 않았더라도 사람의 기억이란 제각각 다를 수 있다. 하지만 이렇게 진행 보고서로 '시각화'하여 정리해두면 '무슨 일을 했었지?', '그때 그 일의 결과가 어땠지?'와 같은 대화가 사라진다. 미팅을 통해 얻은 조직의 활동 내용과 결과가 회사의 '재산'이 된다.

진행 상황을 쉽게 확인할 수 있다

진행 보고서를 활용하면 '진행 상황을 쉽게 확인할 수 있다'는 장점도 있다. 미팅에서 결정된 사항을 시각화하여 정리했다면 이 양식을 효과적으로 활용해서 진행 상황도 서로 파악할 수 있게끔 하자.

진행 보고서를 통해 일의 진행 상황을 정기적으로 갱신해서 공유하면 리더가 "그 일은 어떻게 되어가고 있지?" 하고 확인해야 하는 스트레스가 사라지며 '보고하지 않는다'는 불만도 생기지 않는다. 이를 위해서는 진행 보고서를 '누가', '언제 갱신할지'를 미리 결정해두어야 한다.

다음과 같은 방법을 추천한다.

- 관리자가 매주 일요일까지 갱신해두기
- 갱신한 부분은 빨간색으로 입력하기

이렇게 하면 리더는 매주 월요일 아침에 갱신된 부분을 확인할수 있으며 빨간색으로 입력된 부분만 확인하면 '어느 부분이 달라졌는지' 한눈에 파악할 수 있다. 매주 내용을 갱신하기가 어렵다면 한 달에 2번(가령 15일과 말일에) 갱신해도 좋다. 주로 갱신하게되는 칸은 [마감일]과 [목적]이다.

예를 들어 [마감일]은 계획대로 진행된다면 수정하지 않으면되고 늦어진다면 '마감일 수정', 실행이 완료됐다면 '완료'라고 기입하면 된다. 또 [목적]에는 일이 진행되는 상황이라면 '목적+현재 상황'을, 일이 완료됐다면 '목적+결과'를 기재하면 된다.

앞쪽의 표를 보면서 설명하겠다. '직원 Y 씨의 영업 성공률 올리기'에 대해 기본 계획인 [목적(목표)] 칸에는 처음에 '6월 5일부터 성공률 목표 50%'라고 적는다. 그리고 어느 정도 계획이 실행되어 성과가 보이기 시작한다면 '목표: 6월 5일부터 성공률 50%→실적○%'라고 기입한다. 만일 ①~③번의 실행 계획들을 아직 진행하는 도중이라면 '5월 18일 17시 완료', '5월 25일 17시 완료' 혹은 '5월 31일 16시 예정'이라고 기입하면 된다.

이와 같이 진행 보고서를 수시로 업데이트하자. 진행 보고서를 정기적으로 갱신해나가는 일을 습관화하면 진행 상황을 공유하는데에도 도움이 된다. 또 관리자가 실행해야 하는 일을 깜박 잊어버리고 방치해두는 일도 사라진다.

3 방향 수정 미팅의 기본 진행 방식

먼저 '개인 차원'의 방향 수정을 한다

지금부터는 방향 수정 미팅의 진행 방법을 알아보겠다.

먼저 개인 차원의 방향 수정부터 진행한다. 가장 최신에 갱신된 진행 보고서를 보면서 관리자가 간단하게 설명하고 제안을 한다. 기재 내용을 전부 읽지 말고 달라진 부분이나 중단된 부분을 설명한다.

"실행이 완료된 일은 무엇인가? 성과는 어땠는가?"

"어떤 계획이 중단되었는가? 어떻게 수정해야 하는가?"

방향 수정 미팅의 핵심은 미팅의 기본 포인트와 동일하다.

관리자가 계획된 일을 실행하지 못했더라도 "왜 실행하지 못했는가?", "누구의 책임인가?"와 같은 개인 차원의 책임은 묻지 않는다. 또 "원인은 무엇인가?"처럼 원인을 깊게 추궁하지 않는다. 일을 실행하지 못한 이유는 얼마든지 있을 수 있기 때문이다.

미팅은 기본적으로 '미래 시점'으로 진행하는 것이 원칙이다. 방향 수정 미팅도 마찬가지다. 계획을 실행하지 못했거나 실행이 늦어지는 상황이 발생할 때가 특히 중요하다.

이럴 때는 이 점에 대해 "앞으로 어떻게 할 것인가?"를 물어서 관리자에게 마감일과 실행 계획을 수정, 보충해서 보고받아야 한다.

다음은 '조직 차원'의 방향 수정을 한다

개인 차원의 방향 수정 제안을 받았다면 다음은 조직 차원의 방향 수정을 생각해야 한다. 단순히 각 관리자에게 보고를 받고 수정 제안을 들은 다음 미팅을 끝낸다면 굳이 전원이 모일 필요가 없다.

방향 수정 미팅을 위해 전원이 모이는 목적은 각 관리자(개인)가 실행한 일의 결과를 듣고 실행력을 더욱 높이기 위해서 조직 차원에서는 어떤 도움이나 결정이 필요한지를 판단하기 위해서다.

4 늦어지거나 중단된 일은 어떻게 해야 할까?

모든 일이 계획대로 진행된다면 좋겠지만 그렇게 되기란 쉽지가 않다. 특히 '일이 늦어지거나', '아예 실행을 시작하지 못하는' 경우 조직 차원에서 어떻게 방향 수정을 해야 할지 선택하기가 참 어렵다. 많은 리더나 관리자가 특히 헤매는 부분이기도 하다.

지금부터 방향 수정 방법을 네 가지로 나눠서 설명하겠다.

① 마감일을 수정한다

2명의 관리자에게 그대로 일을 진행시키면서 단순히 마감일만 수정하여 계속 일을 실행해 나가는 방법이다.

여기서 중요한 점은 '일이 늦어진 이유에 대한 책임을 묻지 말아야 한다'는 점이다. 책임을 추궁하다 보면 관리자들이 다음 마감일은 꼭 맞추려고 일부러 마감일을 '늦게' 잡을 가능성이 있다. 이 경우 '3일 이내 법칙'이 지켜지지 않을 수 있다.

직원들의 도전을 장려하는 조직을 만들고 싶다면 마감일이 늦어지는 점에 대해 처음에는 책임을 묻지 말자.

② 리더가 서포트해서 실행 일시를 확보한다

①번과 같이 관리자는 그대로 두고 마감일만 수정해서 진행하는 방법인데 ①번안과는 다른 점이 있다. 바로 '지금 중단된 계획을 확인한 뒤 일의 우선순위를 올려서 리더나 조직이 100% 실행될 수 있도록 서포트한다'는 점이다. 조직(리더)의 판단이나 서포트의 예를 살펴보면 아래와 같은 방법들이 있다.

- 2시간 동안 카페에 있도록 시간을 주어서 작업에만 집중해서 일을 끝내도록 돕는다.
- 분석 작업을 먼저 하기 위해서 타 지점의 C 씨에게 도움을 요청, 점장이 직접 부탁해서 지시한다.

• 이번 달은 일일 업무를 빼주고 중단된 작업부터 먼저 하게 한다.

처음에는 관리자도 되도록 일일 업무에 영향을 미치지 않는 범위에서 실행 계획을 세웠을 것이다. 하지만 그런데도 일을 하지 못하는 경우는 생길 수 있다. 이 경우 관리자 차원에서 개인적인 판단과 실행을 하는 데에는 한계가 있다.

앞으로 회사의 성과를 좌지우지하는 '정말로 중요한 계획'이라면 이와 같이 조직 전체가 판단하여 일의 우선순위를 바꿔 주어야 한다. 그때그때 상황에 맞는 임기응변식 대처가 필요하다. 리더가 일을 서포트해주면 개인의 한계를 뛰어넘을 수 있으며 조직이 다 같이 협동해주면 앞으로 나아갈 수 있다.

③ 관리자를 바꾼다

관리자를 바꾸는 것도 방법 중 하나다. '다른 업무로 너무 정신이 없다', '본인의 적성과 전혀 맞지 않는다' 등 관리자에게 일을 맡기긴 했지만 다양한 이유로 일이 중단된 경우가 있다. 우선 관리자 2명 중 1명을 바꾼다. 2명 모두를 바꾸는 방법도 있지만 지금까지의 진행 상황을 설명하거나 인수인계 등이 필요하므로 일단은 관리자 1명만 바꾸는 쪽이 좋다.

일반적으로 '일을 잘하는 직원에게 일이 몰리는' 경향이 있다. 관리자를 선정할 때 적성 및 일상 업무 등의 내용을 어느 정도 고려해서 일이 한 명에게 몰리지 않도록 분담해서 지정하는 것이 가장 이상적이다. 그래야 일을 맡은 직원도 의욕이 생긴다. 그럼에도 불구하고 특정 한 명에게 일이 몰리는 경우가 생기면 어떻게 해야 할까?

여기서도 '선택과 집중'이라는 사고방식이 매우 중요하다. 아무리 일을 잘하는 직원이라도 한계가 있다. '우수한 직원에게 어떤 계획을 관리하게 해야 조직에 가장 좋을까'를 고심해야 한다. 같은 계획, 같은 직원이라도 리더가 누구에게 관리자를 맡기느냐에 따라 일의 결과는 달라진다. 이 선택이 리더의 판단 능력을 훈련하는 일이기도 하며 일의 재미있는 부분이기도 하다. 좀처럼 결정하기 어려울 때는 직원들과 의견을 나누면서 함께 결정해도 좋다.

④ 계획을 변경한다

"막상 실행해보니 생각만큼의 효과는 없습니다."

"해보긴 했는데 의외로 난도가 높고 시간이 오래 걸립니다."

"당초 예상보다 비용이 많이 듭니다."

아이디어를 제안하거나 계획을 세울 때는 몰랐던 점들을 일을 실행해 나가면서 깨닫게 될 때가 많다. 이때는 '일단 중단하기' 혹은 '대체하기 위한 다른 계획을 세워 실행하기'가 방법이다. 이 선택은 리더에게 매우 중요한 판단이다.

"힘들겠지만 매우 중요한 일이라고 확신하므로 끝까지 실행해 달라"고 말해도 상관없다. "생각만큼 속도도 나지 않고 효과도 미미하므로 그만두자"라는 선택도 가능하다. 직원들의 업무가 과다해지지 않도록 잘 판단하자.

이처럼 정해진 계획을 계속 방향 수정해 나가면 아래와 같은 경우가 사라진다.

- 우선순위에 대한 생각의 차이
- 일이 방치된 채 중단됨
- 바쁘다는 핑계로 일을 하지 않고 결정이 유명무실해짐

미팅의 결과를 실행해가면서 곧 조직의 과제는 성장으로 이어진다. '방향 수정 미팅'이란 실행 방법을 수정해나가면서 '일을 계속 실행하고 결국 성과를 내는 조직'으로 성장해나가는 발판이 된다.

스텝 1부터 4까지 설명한 내용을 정리해보자.

STEP ① 현재의 과제를 인식한 뒤 아이디어와 제안을 모은다 (미래를 창조하는 미팅)

STEP ② 효과적인 제안을 엄선해서 결정한다 (결정 미팅)

STEP ③ 계획을 세워서 실행한다 (계획 미팅)

STEP ④ 진행 상황을 확인해가며 계획 수정을 1, 2개월간 반복한다 (방향 수정 미팅)

이것이 15분 미팅의 기본이다. 마지막 방향 수정 미팅은 일정 기간(1~2개월) 동안 1달에 2~4회 개최해서 방향 수정(변경, 수정)을 계속 반복해야 한다. 이렇게 하면 100% 성과가 나온다.

다음 장에서는 실제로 성과가 나온 클라이언트 회사의 사례를 소개하면서 다양한 미팅의 방법과 포인트를 설명하고자 한다.

'방향 수정 미팅'의 핵심 사항

성과를 내기 위해 중요한 점은
'방향 수정 능력'

결정 사항의 **진행 상황**을
반드시 확인해서 공유하기

'방향 수정 미팅'을 정기적으로
개최해서 실행력을 돕기

**계획이
실행되지
않을 때는?**

① 마감일을 수정한다
② 실행 일시 확보를 최우선시한다
③ 관리자를 바꾼다
④ 계획을 변경한다

**일정 기간
(1~2개월) 동안**

**월 2~4회
개최해서**

**방향 수정
(변경, 수정)**을
반복하자

100% 성과가 나온다!

STEP 5

사례를 통해 미팅의 효과 살펴보기

사례편 조직의 특징에 따른 미팅의 예

조직의 '과제'에 따라 미팅의 방식도 달라진다.
실제 사례를 참고하자.

1 독자적인 방법으로 매년 매출을 올리는 비즈니스호텔

문제는 곧 기회다, 관점을 바꾸면 매출이 달라진다!

미팅의 시간보다는 포인트에 집중

이 장에서는 실제 클라이언트 회사에서 실시한 미팅의 성공 사례를 살펴보면서 미팅의 포인트를 설명하겠다. 단, 지금부터 소개할 사례에서는 미팅 시간을 꼭 15분에 한정 짓지는 않는다.

간단한 미팅의 진행 방식에서부터 문제 해결을 위한 구체적이고 실천적인 조언, 그리고 회사 안에서 미팅이 순조롭게 이루어지도록 미팅을 진행하는 포인트 등을 자세하게 설명하기 위해서다.

"음, 그럼 15분 미팅에는 참고가 안 되겠네"라고 생각할 필요는 없다. 몇 번이나 강조했듯이 15분 미팅의 기본 방식과 여기서 소개하는 응용 사례를 이해한다면 미팅이나 회의 시간이 길어져도 유의미한 커뮤니케이션이 가능하기 때문이다. 따라서 이 장에서는 미팅의 시간보다는 포인트에 집중하고자 한다.

먼저 소개할 곳은 후쿠시마현에서 비즈니스호텔을 운영하는 '호텔 미도리'라는 회사다. 일본식 요릿집으로 시작해 지금은 비즈니스호텔도 함께 운영 중이다. 우리 회사와는 7년 이상 교류해 왔는데 동일본대지진이 일어난 해를 제외하고는 요즘처럼 어려운 환경에도 불구하고 매출이 꾸준히 올라가고 있다.

미팅이란 '관점'을 바꾸는 자리

미팅은 '생각의 관점을 바꿔주고, 짧은 시간 안에 많은 정보를 모을 수 있다'는 장점이 있다.

직원들은 평소에 바빠서 눈앞에 놓인 일에만 필사적이기 마련이다. 하지만 머릿속을 유연하게 만들어서 전혀 다른 관점에서도 생각해봐야 한다.

누구나 알고 있는 사실이지만 매일 바쁘게 흘러가는 직장 생활 속에서 이를 실천하기란 어렵다. 대부분의 직원이 마찬가지다. 호텔 미도리도 다르지 않았다. 하야시 사장은 이 점을 바꾸고 싶었다.

호텔 미도리의 미팅 주제는 '어떻게 하면 전통 일본식 방(일본식 돗자리인 다다미가 깔린 마루방. 옮긴이 주)의 이용률을 높일 수 있을까?'였다. 전통 일본식 방은 다다미 위에 이불을 깔고 자는 형태로 최대 4명까지 이용할 수 있었다.

그런데 이용률이 극히 저조해서 25% 이하일 정도였다. 사실 일본식 방의 이용률이 저조한 것은 당연했다. 호텔 미도리의 손님 90% 정도가 비즈니스 관련 업무로 호텔을 이용했기 때문이다. 따라서 호텔 미도리는 싱글 룸을 중심으로 운영되고 있었다. 비즈니스 관련 이용객들이 4인까지 들어갈 수 있는 전통 일본식 방에 이불을 깔고 잘 이유는 없었다.

나 : 현재 손님 대부분이 전통 일본식 방을 이용하지 않는군요. 그런데 25%는 어떤 분들이, 어떤 이유로 이용하는 건가요?

직원 : 음, 시기에 따라 다르지만 주로 근처에 있는 '하와이

언즈'라는 상업시설을 이용하는 가족분들이 많이 오는 편입니다.

나 : 그렇다면 하와이언즈를 이용하는 가족 단위 손님들이 우리 호텔을 좀 더 이용하도록 만들 방법은 없을까요?

직원 : 하지만 하와이언즈 근처에는 료칸(일본식 여관. 다다미가 깔린 방과 함께 온천이나 식사 등의 서비스가 제공된다. 반드시 사전 예약이 필요하며 밤 10시 이후에는 투숙할 수 없다. 옮긴이 주)이 25개 이상이나 있어요. 가족 단위 손님들은 대부분 그 근처 료칸을 이용합니다. 여기서 하와이언즈까지는 20분 이상 걸리고요. 온천도 없고, 식사도 제공해주지 않는 비즈니스호텔에 가족 단위 손님이 오기는 힘듭니다.

나 : 그렇다면 그 점을 다시 한번 생각해봅시다. 왜 25%의 손님들은 군이 멀리까지 와서 우리 호텔에 묵는 걸까요? 특별한 이유가 있을까요?

직원 : 특별한 이유라고 한다면……

현장에서 일하는 직원들에게는 고정관념이 존재한다. 아니, 현장에서 일하는 직원뿐 아니라 경영진들도 고정관념을 가지고 있다.

해결하기 어려운 과제일수록 불가능한 이유, 부정적인 부분이 더 크게 보인다. 굳이 이 점에 초점을 맞추면 문제를 해결하기 어렵다. 다짜고짜 "어떻게 해결해야 할까?"라고 무리하게 생각하지 말고 현재 가능한 부분(수는 적지만 분명히 이용하는 손님들이 있다는 점)에 먼저 초점을 맞춰서 가능성을 찾아보려고 시도해야 효과적이다.

몇 분 후 한 직원이 아래와 같이 대답했다.

직원A : 가격 때문이라고 생각해요. 료칸은 꼭 식사가 포함되어서 비싸니까요. 하지만 우리 호텔에서는 잠만 잘 수 있기 때문에 비용을 줄일 수 있습니다.
직원B : 일본식 방을 이용하는 손님들의 특징은 체크인을 늦게 하는 경우가 많다는 점이에요. 특히 젊은 커플이 많습니다. 아마도 늦게까지 하와이언즈에서 시간을 보내다가 오는 걸 거예요.

미팅에서는 이 외에도 여러 가지 의견이 나왔지만 위 두 가지

의견이 중요한 내용이었다. 현장에서만 볼 수 있는 손님들의 행동
이 문제 해결의 힌트가 되었다.

현장에서 얻은 힌트를 바탕으로 독자적인 계획을 세우다

미팅에서 나온 의견을 바탕을 새로운 계획이 세워졌다. 계획은
단순히 '전통 일본식 방의 이용률 올리기'에서 벗어나 '시간에 구
애받지 않고 하와이언즈에서 마음껏 즐길 수 있는 가족 전용 룸'
을 만들자는 독자적인 계획으로 변경되었다.

이에 따라 '료칸에서 푹 쉬고 싶지만 하룻밤 자는 데 두 끼의
식사비를 내기에는 아깝다고 생각하는 손님들을 위해 마음 편히
하와이언즈를 즐길 수 있도록 하자!'는 점을 토대로 새로운 캐치
프레이즈가 정해졌다.

료칸처럼 전통 일본식 방에서 편안하게 쉴 수 있습니다. 다
다미방이라 아이가 뛰어다녀도 안전합니다. 아이들부터 어
르신들까지 모두 만족할 수 있습니다.
식사비가 포함되지 않으니 시간에 신경 쓸 필요 없이 하루
종일 하와이언즈에서 마음껏 즐길 수 있습니다.

이와 같은 홍보 문구를 홈페이지를 비롯한 각 인터넷 매체에 뿌리기 시작했다. 결과는 어땠을까? 놀랍게도 객실 이용률이 25%에서 89%로 올라갔다.

'상품'을 바꾸지도 않았고 '가격을 내리지도' 않았으며 객실을 새롭게 꾸민 것도 아니었다. 미팅에서 나온 현장의 이야기를 힌트로 삼아 관점을 바꿔 홍보 방식을 바꿨을 뿐이다.

호텔에서 일했던 경험이 있었던 나는 매일 고객과 마주하는 현장에 매출을 올릴 수 있는 힌트가 반드시 숨어있다고 믿는다. 그리 특별한 제안이 아니어도 좋다. 리더는 그 힌트를 가지고 있는 현장 직원들에게서 다양한 정보를 모아 관점을 바꿔 생각하면서 위기를 기회로 만들어야 한다. 이 경험을 통해 호텔 직원들도 깨달은 점이 있었다. '불가능하다'라는 생각은 자신들의 고정관념일 뿐이었고 '가능한 방법'이 있었다는 사실을 말이다.

이후 직원들의 대화 방식은 불가능하다는 '변명'이 아니라 '가능한 방법'을 찾아내고자 하는 쪽으로 바뀌면서 함께 지혜를 모아가고 있다.

2 직원들의 평균 연령이 58세인
료칸이 국내외 손님들로
항상 꽉 차는 이유

미팅을 통해 '사람과 사람'의 거리를 좁힌다

경영자와 직원들 간에 거리감은 없는가?

다음은 규슈 구마모토현의 유명한 온천지 구로카와온천의 료칸 '와카바'의 사례를 소개하겠다. 와카바 료칸의 사장 시가 씨는 "한 번도 해본 적은 없지만 손님 모으기와 관련해서 다 같이 생각해보는 미팅을 해보고 싶다"며 상담을 요청했다. 사실 시가 씨의 고민은 하나 더 있었다.

당시 와카바에는 사장과 젊은 여주인(사장의 아내)을 제외하고 직원들의 나이가 모두 50세 이상(평균 연령 58세)이었기 때문이다.

한편 직원들에게 사장님은 어떤 분인지 물었더니 "온천 조합 활동 등으로 료칸에 있을 때가 별로 없어서 잘 모르겠다"고만 대답해 경영자와 직원들 간에 거리감을 느낄 수 있었다.

받아들이는 방식을 바꾸면 일이 즐거워진다

상품이나 서비스가 잘 팔리지 않는 이유 중 하나는 상품의 가치가 고객에게 잘 전달되지 않아서다. 다시 말해 손님이 그 상품이나 서비스를 구입하면 앞으로 어떤 좋은 일이 생기는지 잘 모르기 때문에 사지 않는 것이다.

상품의 가치가 잘 전달되려면 직원들이 자신의 일을 받아들이는 방식에 큰 변화가 필요하다. 료칸의 직원에게는 자신이 단순한 '숙박업'을 하는 것이 아니라 '여행 기간의 즐거운 추억을 만드는 조력자'라는 시각이 필요하다.

미용실 직원이라면 자신이 그저 '머리를 자르는 사람'이라는 생각에서 벗어나 '머리 스타일을 통해 고객의 매력을 끄집어내도록 조언해주는 사람'이라는 시각이 필요하며, 영업 회사 직원이라면 자신은 '상품을 파는 사람'이 아니라 '기업의 실적 향상에 공헌하는 서포터'라는 의식이 필요하다.

어떤 일도 기계적인 '작업'이 되어서는 안 된다. 일을 하는 사람이 행복해지는 것이 가장 중요하다. 자신은 지금 누구의 어떤 행복에 공헌하고 있는가라는 시각을 가져야 한다.

상품의 가치를 알려주면 반드시 팔린다

다시 와카바 료칸의 이야기로 돌아가자. 료칸 업이란 '고객의 추억을 만드는 데 돕는 일'이라는 시각을 바탕으로 미팅에서는 비용이 적게 들면서도 쉽게 손님을 모을 방법으로 단골 고객들에게 정기적으로 '직접 제작한 정보지'를 만들어 보내자는 계획부터 세우기 시작했다. 접객 담당자, 프런트 담당자, 주방장 모두에게 미팅에 참여해주길 부탁했다.

"비수기(6월)에 손님을 모으는 방법에 대해 미팅을 하고자 합니다. 이 기간에 구로카와온천에 오면 이런 체험도 할 수 있고 이런 멋진 풍경도 볼 수 있어요, 하고 친척이나 친구들에게 가르쳐주어야 한다면 어떻게 말하겠습니까? 자신만의 생각이어도 좋으니까 추천 포인트를 종이에 적어주세요."

6월에 온천에 와 본 적이 없는 손님은 '6월에 구로카와온천에 가야 하는 이유'를 모른다. 비수기에 온천에 왔을 때 얻을 수 있는 이점을 전달하기 위해서 직원들의 의견을 모았다. 직원들은 아래와 같은 내용을 적었다.

- 이 시기에는 은어 요리가 맛있다.
- 반딧불이를 볼 수 있는 곳이 있다.
- 손님들이 하나공원에 가는 길을 자주 묻는데, 이 시기라면 그곳에 갈 수 있다.

자신만의 생각이다 보니 가족과 함께 나들이를 자주 가는 사람은 가족끼리 갈 수 있는 장소를, 접객을 담당하는 사람은 과거에 봤던 손님들의 행동을 통해 손님들에게 인기가 많은 장소를 떠올렸다. 주방 일을 하는 사람은 음식에 관해 생각해서 계절 한정 추천 요리를 고민해서 발표하기도 했다. 의외로 생각지 못했던 이야기들이 많이 나왔다. 이것이 직원들의 개성을 발휘시키는 미팅이다. 그리고 모두가 함께 생각하면 5분 안에 여러 가지 관점의 정보가 모인다. 만약 영업담당자 혼자서 이 같은 내용을 생각해내려면 꽤 오랜 시간이 필요할 것이다.

일의 완성도 보다는 속도를 중요시하기

스텝 3에서도 얘기했듯이 실행력을 높이기 위해서 주의해야할 사항은 '지금 당장 할 수 있는 일은 바로 할 것'이다.

직원들에게 받은 제안을 모은 뒤 글씨를 잘 쓰는 접객 담당자에게 미팅 후에 잠시 남아 마무리를 부탁했다. 사장이 함께 있는 그 자리에서 정보지의 디자인에 관한 내용을 확인했다.

"사진은 어디에 넣을 거지?"

"그럼 글씨는 여기에 넣으면 되겠네?"

일을 뒤로 미루지 않고 그 자리에서 즉시 이미지를 공유하면서 접객 담당자의 특기인 멋진 글씨로 초안을 완성했다. 만일 내가 "요즘에는 컴퓨터로 해야죠!"라고 말했다면 분명히 일은 빠르게 진행되지 못했을 것이다. 직원들의 특기를 활용하자. 일의 속도가 매우 빨라진다.

직원들이 만든 작은 기적

손님들에게 료칸에서 직접 만든 정보지를 보내자 변화가 일어나기 시작했다. 일부러 전화까지 걸어오는 손님도 있었고, 료칸에 올 때 그 정보지를 가지고 오는 손님도 있었다.

손님을 대하는 방식에도 당연히 변화가 생겼다. 정보지의 내용을 바탕으로 손님들과 자연스럽게 대화가 이어졌다.

"이 정보지는 여기 있는 모든 직원이 함께 생각해서 만든 거예요."

손님들의 목소리도 달라졌다. 체크아웃할 때 감사하다는 인사를 하는 손님이 많아졌고 객실에 둔 설문 조사지에도 감사하다고 적는 사람이 늘어났다. (작년 반년간 손님들이 적어 준 설문 조사지가 219장이었는데 이듬해 같은 기간에는 404장까지 늘어났다.)

그 결과 와카바 료칸은 '요리 부분에서 입소문 순위 1위'를 차지했고 재방문율도 2%에서 19%로 늘어났다. 요리 메뉴에는 큰 변화가 없었음에도 요리에 대한 평가가 좋아졌다. 아마도 요리와 함께 접객과 관련해서 손님들에게 좋은 평가를 받은 것으로 보인다.

이후에도 '기념품 코너에 관한 광고지'를 만들거나 '지역 한정 음료' 소개를 정보지에 담아 손님들에게 알려주는 등 다양한 제안을 모아 반영하여 성과를 내고 있다.

좋은 미팅은 사람과 사람의 거리를 좁혀준다

작은 변화를 통해 성과가 나타나자 와카바 료칸에서는 다음으로 '외국인 손님 대응법'에 관해 고민하기 시작했다.

한류 드라마를 좋아해서 짧은 한국어를 할 줄 아는 직원은 많았지만 영어를 하는 직원은 거의 없었다. 그래서 사장은 료칸에 현지 외국인 강사를 불러 '영어 회화 교실'을 열었다. 예전의 분위기였다면 결코 성공하지 못했을 방안이었지만 료칸의 분위기가 달라진 덕에 영어 회화 교실은 수업을 계속 이어나갔다.

시간이 흐르자 신입 사원들도 조금씩 늘어나 젊은 사원들에게는 SNS를 통한 홍보를 맡겼다. 사실 일본을 방문하는 외국인들은 주로 SNS를 활용한다. 외국인 손님이 직원들과 함께 사진을 찍어 SNS에 올리면서 주변 사람들에게 료칸을 소개하게 되고 이를 통해 다른 외국인 손님이 료칸에 찾는 새로운 흐름이 나타났다.

기존에 해왔던 '종이 정보지'와 SNS의 융합은 베테랑 직원과 젊은 직원의 융합이기도 했다. 그 결과 특별한 인테리어 공사나 증축 공사 없이, 성수기나 비수기를 가리지 않고 매출은 140%나 올랐다.

지금도 구마모토현의 지진 재해를 극복하고 성장을 계속해 나가고 있다. 와카바 료칸은 '손님의 행복에 공헌하겠다는 직원들의 시각'과 '즉시 하는 실행력'의 효과를 보여준 사례다. 미팅은 손님, 경영자, 직원 등 사람과 사람의 거리를 좁혀주는 효과가 있다.

3 급성장을 이어온 홋카이도 주택 기업의 새로운 도전

'회사 전체 시점'으로 '팀 간의 벽'을 허무는 미팅

전체 미팅을 제안하다

다음은 홋카이도의 구시로, 오비히로에서 시작해 이제는 홋카이도 전 지역에서 활약하는 주택 브랜드 '로고스 홈'의 사례다.

사장 이케다 씨가 상담해온 사항은 "각 지점이나 각 팀의 직원들이 고객의 입장을 헤아려가며 좀 더 협력한다면 더 좋은 회사가 될 수 있을 거라고 확신하는데 변화를 위한 하나의 계기가 필요하다"였다.

로고스 홈은 설계사인 사장 이케다 씨가 직접 창업한 회사로 철저하게 고객의 눈높이에 맞춰 고객을 대하고 상품을 개발하면서 사람들의 호응을 얻었다. 매출은 창업한 지 11년 만에 33억 엔에 이를 정도였다.

하지만 급속도로 판매 지역을 넓혀가며 성장하는 가운데 '신입사원'과 '경험을 갖춘 경력사원' 간에 거리가 생기며 회사의 조직문화에 대한 사고방식이 하나로 모아지지가 않았다. '영업, 설계, 공사, 관리' 등 각 팀의 직원들이 충분히 커뮤니케이션하고 있지 않았다. 이 점이 이케다 사장의 고민이었다.

나는 '사장과 각 팀(영업, 홍보, 설계, 공사, 관리)의 대표가 모여 회사 전체 미팅을 해보자'고 제안했다.

팀의 목표 달성과 회사의 목표 달성 중, 더 우선시할 것은?

원래 회사에는 '회사 전체의 목표'가 있고 이를 달성하기 위해 각 팀에서 하는 '팀의 목표'가 있기 마련이다.

하지만 흔히 각 팀의 리더는 팀의 목표 달성, 자신의 평가, 우리 팀 직원을 보호하는 일 등 팀에게만 집중하다 보니 '회사 전체의 목표'라는 중요한 대전제를 잊고 팀을 먼저 생각하게 된다.

이것이 각 팀 간의 벽을 만드는 하나의 원인이다. 팀의 목표 달성보다 회사 전체의 목표 달성을 최우선시해야 한다. 각 팀이 모여 미팅을 할 때는 이 점을 공통으로 인식해야 한다.

주체성과 각오를 끌어내는 질문은?

그리고 다음과 같이 질문했다.

"○○의 과제를 해결하기 위해서 회사가 앞으로 하면 좋겠다고 생각하는 일은?"

"자신(혹은 우리 팀)이 앞으로 집중해야 할 일은?"

각각의 질문에 3개 이상의 제안을(포스트잇 1장에 제안 1개씩) 쓰라고 제안했다.

스텝 1에서 소개했듯이 미팅의 주제는 사전에 분석해서 정해두자. 그다음에 미래 시점의 질문 2개를 던진다. 처음 질문에서는 회사 전체 시점에서 해결할 수 있는 부분을 뽑아내고, 두 번째 질문에서는 개개인의 주체성을 끌어내고자 했다.

두 개의 질문에 복수의 제안을 받음으로써 회사 전체의 문제를 해결하는 제안과 리더로서 '문제를 해결하기 위한 자신(혹은 우리 팀)의 주체성과 각오'를 모두 생각하게끔 하는 것이다.

회사의 미래를 짊어나갈 리더는 마땅히 '이 일은 우리 팀에게는 불이익을 가져다줄지 모르지만 회사 전체를 생각하면 이익이므로 제안하고 결정하겠다'는 시각과 각오를 가져야 한다.

실제 로고스 홈에서도 실로 다양한 제안이 모였다. 홍보팀의 책임자가 중요한 영업 지점으로 이동해서 판촉에 집중하자는 제안을 사장과 본인이 받아들였다. 또 영업을 잘하기로 유명한 지점장이 날짜를 정해 다른 지점에 가서 교육을 해주자는 제안을 사장과 본인이 받아들였다. 그 외에도 다양한 제안이 나왔다.

원래라면 며칠이나 걸리는 사전 논의를 통해 합의하고 결정될 사안들이 짧은 미팅 시간 안에 거침없이 결정되어갔다.

종적 조직으로는 한계가 있다

또 하나의 포인트가 있다. 관리자 2명을 정할 때 '지금의 팀'을 무시하고 정하는 방법이다.

예를 들어 '손님 모으기'라는 과제의 관리자 2명을 원래 이 일

을 해왔던 홍보팀에서 1명을 뽑고 나머지 1명을 이번에는 영업팀
에서 뽑는 것이다. 또 영업력을 올리기 위해서 영업팀과 설계팀이
함께 과제를 실행해 나가는 방법도 있다.

이것은 '고객을 더 모으는 일에 관한 제안이므로 홍보팀에서
관리해야 한다'라거나 '영업력을 올리기 위한 제안이므로 영업팀
에서 해야 한다'와 같은 사고방식으로 관리자를 정하면 지금까지
해왔던 종적인 분업에서 아무것도 달라지지 않는다.

영업팀 직원이 '고객을 모으는 일을 관리'하면 홍보지를 만드
는 등의 판촉 활동을 하지는 않는다. 대신 '지난번 했던 광고의 반
응을 영업부에 확인하기' 등과 같은 일을 도울 수 있다. 이렇게 되
면 조직의 실행 속도는 빠르게 올라간다.

각 팀 안에서의 커뮤니케이션에도 변화가 생겼다. 예를 들어
관리팀에서 모든 팀에게 서류 관련 요청을 했을 때 예전에는 "괜
찮아. 지금은 바쁘니까. 나중에 하자"고 말했던 영업팀 리더가 "그
것도 나름 중요한 일이니까 서로 협력하자고"라고 말하는 등 조
금씩 달라져 갔다.

또한 결정 사항은 방향 수정 미팅을 통해 계속 수정하며 실행
해 나갔다.

결과는 어땠을까? 3년 후인 지금 매출 70억 엔을 넘어 100억 엔 기업에 다가서고 있다.

쉽게 설명하기 위해 매출로 표현했지만 '주택을 통해 고객의 생활을 풍요롭게 만들겠다'는 생각으로 회사 전체가 고객의 눈높이에 맞춰 일을 판단하고 실행해서 좋은 반응을 얻은 결과다.

먼저 '각 팀의 리더가 회사 전체의 시점에서 판단하려는 시각'을 가지면서 현장에서 직원들에게 일을 전달하는 방법이 달라졌다. 기존의 종적 조직(팀을 우선시하는)뿐 아니라 각 팀을 횡단하는 조직 편성(지점과 팀 간에 협력 체제)이 가능해진 것이 회사가 성장해가는 데 도움이 되었다.

회사 전체의 시점을 가진 리더가 계속 늘어가면서 앞으로 로고스 홈이 어디까지 성장할 수 있을지 기대가 된다.

•

지금까지 실제로 실행했던 미팅의 포인트와 응용 방법을 살펴보았다. 회사의 미팅을 기차에 비유하자면 '엔진'과 같다. 엔진이 움직여야 기차의 각 부분이 움직이기 시작한다.

이 책에서 소개한 모든 회사는 미팅이라는 엔진에서 나온 아이디어와 제안을 실행한 결과 커다란 성과를 얻었다.

즉 '무엇을 했는가?'라는 일시적인 대책이나 생각보다는, 대책과 생각을 나누고 '해결책이 나오는 자리를 언제든지 만들 수 있는가?'라는 부분이 더 중요하다.

고객에 대해 혹은 회사의 과제에 대해 재빨리 모여서 아이디어나 제안을 교환하고 직원들이 스스로 생각하고 움직여서 눈앞의 과제를 해결해 나갈 수 있는 시스템을 가진 회사만이 어떤 시대가 와도 살아남을 수 있다.

인재 육성과 미팅

인재 육성에 관한 여덟 가지 포인트

미팅에는 인재 육성과 강한 조직 문화를 양성하는 포인트가 숨어있다. 마지막으로 이 부분을 짚고 넘어가겠다.

① 과제에 대해 미래 시점으로 질문하여 남을 탓하지 않는 사고방식을 갖는다. 과거가 아닌 미래 시점, "앞으로 어떻게 할까?", "자신이 할 수 있는 일은?"처럼 질문하여 주체성을 기른다.

② 항상 짧은 시간 안에 여러 가지 해결 방법을 생각해내는 습관을 갖는다.

③ '숫자'나 '예'를 활용하여 구체적으로 판단하고, 행동으로 옮기기 쉽게 제안하는 능력을 기른다.

④ '부정하지 않고, 끝까지 들으며, 자신과 다른 생각은 그 사람만의 개성'이라고 생각하며 듣는 훈련을 한다.

⑤ 비용, 노동력, 시간을 계산하여 선택과 집중을 통한 방법으로 '결정력(판단력)'을 키운다.

⑥ 짧은 시간 안에 실행력이 높은 계획을 세우는 능력을 기른다.

⑦ '즉시 실행하기', '나중으로 미루지 않기'를 통해 실행력의 속도를 높인다.

⑧ '내비게이션'처럼 경로를 수정해가며 계속해서 실행해가는 '방향 수정력'을 갖는다.

'강한 조직 문화'를 만드는 다섯 가지 포인트

① 한번 결정하면 일단 실행해 본다. 또 모두가 계획이 성공할 수 있도록 돕는다.

② 누군가의 실수로 실패하더라도 그 사람을 탓하지 않는다. 자신에게도 책임이 있음을 인식한다.

③ '나만은 예외'라는 무의식적인 모순에서 벗어나 겉과 속이 같은 조

직문화를 기른다.

④ 부정할 때는 반드시 개선안을 덧붙인다. 개선안 없는 부정은 필요 없다.

⑤ 리더가 제안을 거절한 이유는 제안자의 발표력이 부족해서다. 제안을 거절한 '리더가 문제'가 아니라 '자신의 제안 내용이 부족했음을 알고 어떤 점이 부족했을지'를 생각하자.

이와 같은 포인트를 염두에 두고 미팅을 하면 반드시 인재를 육성하는 데에도 도움이 된다. 단언컨대, 미팅이 제대로 이루어진다면 반드시 상황은 좋아진다!

하지만 익숙해지기 전까지는 이 책에서 소개하는 미팅도 운전과 다를 바 없다. 처음 시작할 때 미팅의 포인트를 염두에 두지 않으면 제대로 굴러가지 않는다. 그럼에도 포기하지 않고 반복하는 동안 틀림없이 자연스럽게 자리를 잡는다.

미팅이 자리를 잡으면 일상적인 직장 생활에도 변화가 찾아오며 조직문화(대화 방식)도 올바르게 자리를 잡을 것이다.

만약 한 달에 한 번 미팅을 한다면 미팅이 정착되기까지 오랜 기간이 필요하다. 그러므로 짧은 시간 안에 횟수를 늘려 반복하면서 정착시키는 것이 중요하다.

젊은 직원들이 회사를 그만두는 진짜 이유

인재 육성에 관해 이야기하면 "어차피 가르쳐 봤자 금방 그만
두는 데요……"라고 대답하는 리더도 있다. 직원들이 회사를 그만
두는 이유도 다양해서 그럴듯한 말들을 늘어놓는다.

"부모님을 돌봐야 해서…….",
"하고 싶은 일이 생겨서…….",
"몸이 안 좋아서…….",
"결혼을 해야 해서……."

물론 위와 같은 이유도 있을 것이다. 하지만 진짜 이유는 다른
데 있다. 이 회사에 희망이 없다고 생각하기 때문에 그만두는 것
이다. 희망만 있다면 의욕이 생기고 회사가 좋다면 그만둘 이유가
없다.

꼭 일하고 싶은 회사라면 어떤 상황이 생겨도 일하려고 애쓸
것이다. 먼저 이 점을 확실하게 인식하자.

'어차피 말해도 달라지지 않는다 → 희망이 없다 → 지쳐간다 → 회사를 그만둔다'와 같은 과정을 거치지 않도록 해야 한다.

일상적인 미팅을 통해 '서로 이야기한다 → 성장해 가고 있음을 느끼고 매일 매일 좋아지고 있음을 실감한다 → 주체적으로 일한다'와 같은 선순환 구조를 만들어야 한다.

수동적인 자세를 버리고 스스로 생각하고 행동해서 회사의 미래에 대해 희망을 품도록 만들어야 한다.

그리고 그 '희망'의 중심에 리더인 당신이 있다. 직원들이 '함께 일하고 싶다!'라고 느끼는 리더가 되면 회사에서도 당신을 좋게 평가하며 소중히 여긴다. 그렇게 생각하지 않는가?

'다 남의 탓이다'라는 착각에서 벗어나자

요즘 세상에도 남의 탓을 하는 사람이 많다.

"회사가 좀 더…….",

"리더의 문제로…….",

"하여튼 요즘 젊은 사람들은…….",

"고객이 좀 더 이렇게 해주면…….",

"이 업계가, 이 나라가……."

주변 상황에서 원인을 찾으며 '남의 탓'을 하면 노력하지 않는 자신을 정당화 할 수 있으며 성과가 나오지 않는 상황도 그냥 받아들인다. 바로 거기서 생각이 멈춰버린다. 편하기는 하겠지만 더 이상 성장도 없다.

이와 같은 생각은 한마디로 착각이다. 일종의 마약과 같다. 사실 문제는 '주변 환경'이 아니다. 6시 정시 퇴근인데 야근하느라 8시에 퇴근하는 회사는 좋은 회사일까 나쁜 회사일까? 이를 누가 정할까?

만약 전 직장에서 6시에 퇴근했던 A 씨라면 '나쁜 회사'라고 말하겠지만 전 직장에서 9시가 넘어서야 퇴근했던 B 씨라면 '좋은 회사'라고 말할지 모른다.

주변 환경이 문제가 아니라 개개인이 지금까지 쌓아온 경험과 상식이 행복도를 결정하는 셈이다.

야근을 두고 '회사가 나쁘다'며 불평불만만 늘어놓는 사람도 있지만 '일찍 퇴근하려면 앞으로 어떻게 해야 할까?'를 생각해서 실행하거나 제안하는 사람이 있다.

같은 회사에 다니더라도 이 두 사람의 미래는 조만간 분명히 달라진다. 주변 환경이 달라지길 기대하면서 자신은 멈춰 있지 말고, 먼저 자신의 생각과 행동을 바꾸면 당신의 세계는 분명히 크게 달라진다.

15분 미팅을 통해 얻길 바라는 점은 '과거에 연연하지 말고, 주변 환경을 탓하지 말고, 스스로의 힘으로 지금보다 더 나은 미래를 창조하기 위해 생각하고 행동하는 힘'이다.

미팅은 착각, 즉 '남 탓으로 생각하는 습관'에서 벗어나기 위한 하나의 '도구'다. 이 도구를 활용하여 대화 방식을 바꾸고, 미래를 바꿔서 자신의 직장 생활과 인생을 즐길 수 있길 바란다.

당신의 미래는 반드시 당신이 만들어나갈 수 있다.

•

"지금 일하는 직원들을 전부 바꾸는 게 좋겠어요."

영업부장으로 이직했을 당시 협력 기업의 한 책임자가 나에게 한 말이다. 그렇게까지 말할 필요는 없었는데 참으로 심하지 않았나 생각한다.

"대체 직원들에게 어떤 교육을 한 거죠? 같은 직원들이라니 믿기지 않아요."

3년 후 업계가 불경기를 맞이했을 때 같은 시설, 같은 직원으로 매출이 3배로 늘자 그 협력 기업의 책임자가 다시 나에게 한 말이다.

이 외에도 많은 협력 기업의 관계자들이 같은 말을 해왔다.

하지만 내 입장에서 봤을 때는 크게 달라진 점은 없었다. 직원들이 좋아하는 음식도, 취미도, 좋아하는 연예인도 하나도 달라지지 않았다. 유일하게 달라진 점은 바로 대화 방식이었다.

'할 수 없는 이유'나 '변명'을 말하기보다 "앞으로 어떻게 해야 할까?"와 같이 미래 시점의 대화 방식으로 바뀐 것이다. 대화 방식이 달라진 회사 안에서 나는 '작은 기적'을 많이 체험했다.

나는 미팅이 끝났을 때 처음에는 어두웠던 클라이언트 회사 직원들의 표정이 다시 희망으로 반짝이는 순간을 가장 좋아한다.

자신의 가치나 회사의 가치, 동료의 가치를 깨닫고 활기가 넘치는 직장 풍경이 좋다. 이러한 변화를 보며 기뻐하는 경영자나 리더의 모습들도 보기 좋다. 나는 이러한 공간과 순간을 공유할 수 있는 지금의 일을 사랑한다.

미팅을 통해 이러한 미래를 만들 수 있다. 혼자서는 할 수 없지만 모두 함께 협력하면 반드시 길은 열린다. 현장 직원이 만들어 내는 '작은 기적'을 한 명이라도 더 많은 리더에게 경험하게 해 주고 싶어서 이 책을 썼다.

이 책을 쓰면서 지금까지 다녔던 직장을 시작으로 지금까지 함께 해준 많은 사람들, 모든 클라이언트 회사 분들, 가족, 친구 등 정말로 많은 사람의 도움 덕분에 지금의 내가 있다는 사실을 다시 한번 실감했다. 마음속 깊이 감사드린다.

불황에도 흔들리지 않고 사람의 가능성을 믿고 끌어내서 '스스로 미래는 만들어가는 능력'을 손에 넣기를, 그래서 당신의 직장, 당신의 인생이 최고로 반짝거릴 수 있기를 진심으로 기원한다.

야모토 오사무

"팀서포트프로"에서 하는 일

●

주요 활동은 컨설팅(혹은 연수) 업무다. 상담을 요청한 기업에서 실제 미팅과 회의의 사회나 진행을 맡는다. 회사의 성장을 위한 적확한 과제를 찾아 직원들에게 미래 시점의 아이디어나 제안을 받아 계획, 수정, 결과까지 서포트한다. 해결책에 대해 직접, 또 적극적으로 제안하기도 한다.

주요 클라이언트 회사는 음식, 제과, 호텔, 숙박, 웨딩, 사진, 의류, 뷰티, 미용, 인재 파견, 금속, 건설, 주택, 인쇄, 의료, 간호 등으로 전국적으로 다양한 기업들과 교류하며 93% 이상의 클라이언트 회사가 매년 실적을 올리고 있다. 최근에는 '지역 개발'이나 '지역 활성화'에 관한 의뢰가 많이 들어오는 중이다.

'경영자', '직원', '고객' 간의 거리를 좁혀주는 미래 창조형 미팅법(커뮤니케이션 법)은 확실한 성과를 얻을 수 있고 인재 육성과도 연결되기 때문에 상담 기업의 재요청률이 압도적으로 높으며 한번 상담한 기업이 새로운 기업을 소개해주는 경우도 매우 많다.

팀서포트프로의 또 다른 활동 중에는 사설 학원 수업과 강연, 세미나 등이 있다. '한 회사에 미팅이나 회의의 진행을 잘하는 직원이 한 명만 있으면 그 회사는 달라진다!'는 점을 보여주기 위해 경영자나 임원들을 중심으로 1년 반 동안 100명 이상의 학생을 가르쳤다. 회사에 가지고 돌아가서 활용할 수 있는 리더 프로그램을 제공하면서부터는 훨씬 더 많은 리더와 기업의 업적 향상에 공헌하고 있다.

끝.

뭐든 잘되는 회사의
회의법

초판 1쇄 펴낸 날 ｜ 2019년 1월 25일

지은이 ｜ 야모토 오사무
옮긴이 ｜ 이정미
펴낸이 ｜ 홍정우
펴낸곳 ｜ 브레인스토어

책임편집 ｜ 이상은
편집진행 ｜ 남슬기
디자인 ｜ 이유정
마케팅 ｜ 이수정

주소 ｜ (04035) 서울특별시 마포구 양화로7안길 31(서교동, 1층)
전화 ｜ (02)3275-2915~7
팩스 ｜ (02)3275-2918
이메일 ｜ brainstore@chol.com
페이스북 ｜ http://www.facebook.com/brainstorebooks

등록 ｜ 2007년 11월 30일(제313-2007-000238호)

한국어출판권 ⓒ 브레인스토어, 2019
ISBN 979-11-88073-34-4(03320)

이 도서의 국립중앙도서관 출판예정도서목록(CIP)은 서지정보유통지원시스템 홈페이지
(http://seoji.nl.go.kr)와 국가자료공동목록시스템(http://www.nl.go.kr/kolisnet)에서 이용
하실 수 있습니다.(CIP제어번호: CIP2019000280)